陪 伴 女 性 终 身 成 长

理科好简单

[日] 佐川大三 著
李中芳 译

江苏凤凰文艺出版社
JIANGSU PHOENIX LITERATURE AND ART PUBLISHING

图书在版编目（CIP）数据
理科好简单 /（日）佐川大三著 ；李中芳译 .
南京 ：江苏凤凰文艺出版社，2025. 3. -- ISBN 978-7
-5594-9415-3
Ⅰ. G634. 73
中国国家版本馆 CIP 数据核字第 20256MN395 号

版权局著作权登记号：图字 10-2024-112

理科好简单

[日]佐川大三 著 李中芳 译

责任编辑 王昕宁
特约编辑 周晓晗 李 茹
责任印制 杨 丹
出版发行 江苏凤凰文艺出版社
南京市中央路165号，邮编：210009
网 址 http:// www.jswenyi.com
印 刷 天津联城印刷有限公司
开 本 880毫米×1230毫米 1/32
印 张 6.75
字 数 110千字
版 次 2025年3月第1版
印 次 2025年3月第1次印刷
书 号 ISBN 978-7-5594-9415-3
定 价 58.00元

前言

掌握原理，让理科学习更有趣，记忆更深刻！

非常感谢各位读者朋友选择这本书！

本书可以帮助大家从本质上掌握物理、化学、生物、地理这 4 科的知识点。到了初中，学生需要掌握以上 4 门学科，但大家往往很容易出现喜欢学某一个单元，却讨厌学另一个单元的情况。

而讨厌学习某个单元，其中一个很大的原因是学习方法不对，没有理解知识点背后的原理，全靠死记硬背。用这种方法学习这几门学科的知识，过不了多久就会遗忘，也很难体会到学习的趣味性。我教过的学生里有不少为此而苦恼不已的人。他们为了平时的阶段性考试拼命地把知识点塞进脑子里，可考完试没过多久就完全没有印象了。

近几年的考试中，仅靠死记硬背就能解答的题目越来越少，反而是考查某种现象产生原因的这类题目占比很大，而这些问题仅靠死记硬背根本无法解答。

学习理科最好的方法莫过于掌握原理，将知识与日常生活联系起来学习。

举个例子，遇到“为什么在寒冷的天气哈气时会形成白雾”这个问题时，学生需要具备以下解题思路：呼出的气体中所含的水蒸气状态发生变化，变成了水滴→呼出的气体含有很多水蒸气→呼出的气体中多含水蒸气，是因为人体通过呼吸作用源源不断地生成水。

用这种方法学习，学过的知识不仅不容易遗忘，还能将其他单元的知识点结合起来，学习会变得更高效，也更有趣。

本书将日常生活中某些现象产生的原理与初中物理、化学、地理、生物这 4 门学科的知识点相结合，并以知识问答的形式汇总起来。而且书中不只对某种现象产生的原理进行了解答，还涉及与该现象相关联的其他现象和定律。

物理、化学、地理、生物这 4 门学科并不是完全独立的，它们彼此间有着紧密联系。越深入学习，就越能深刻体会到这种联系。

本书不仅讲解了初中物理、化学、地理、生物 4 门学科中某些现象产生的原理，还将该原理与其他现象联系起来，以便加深大家的理解。读过本书后，相信你一定能够体会到各个学科之间的联系，记忆也会更加深刻。

一些我们习以为常的生活现象，其实蕴藏着深刻的原理。

当我们理解这些原理后，相信不仅是学生，就连成人都会备感满足。而这种满足感会激励大家在理科知识的世界里继续探索。

希望各位读者朋友在阅读本书后能够明白，越深入学习，越能体会到理科的奥妙和趣味！

本书的 4 大亮点

亮点 1 培养仅靠死记硬背无法获得的把握本质的能力

在近些年的考试中，考查死记硬背的知识点的试题逐渐减少，而要求考生论述具体原因的试题逐年增多。以前可以靠熟记各种概念就能取得高分的科目，如今越来越倾向于考查考生的自主思考能力。

本书以问答的形式列出各个学科的知识点，让各位小读者在体会学习的趣味性的同时，培养仅靠死记硬背无法获得的把握本质的能力。

亮点 2 对日常生活中的现象提出疑问，所选材料易于联想

本书中多选取日常生活中的现象作为知识学习的切入点。比如，“为什么放大镜能把物体放大呢?”“加热红葡萄酒时出现的蒸汽冷却后产生的液体是什么颜色?”“为什么米饭会越

嚼越香呢？”等。

因此，读者对所学知识点的理解会更具体，对答案的理解也更透彻。

亮点 3 涵盖初中理科所有的知识要点

虽说着重培养把握本质的能力这一点非常重要，但不可否认的是，在学习理科的基础知识时，必要的背诵也是不可缺少的。因此，本书不仅包括问题及其答案，还罗列了相关的知识要点及解释说明。

本书使用大量的插画，涵盖考生必须掌握的全部知识要点。每次阶段考试前翻一翻这本书，能有效提分。

亮点 4 总结了实验和观察的要点

本书除正文外，还从物理、化学、地理和生物这 4 门学科中分别挑选 8~10 个主题，总结了实验或观察的要点。

实验或观察的注意事项容易与操作方法混淆，因此，每一个实验或观察都细分为“实验或观察的操作顺序”“注意事项”和“该实验或观察得出的结论”等几部分。

本书使用说明

问题页

1 该问题是哪一学科的第几个问题。

2 选取日常生活中的现象作为素材，大家可以先试着自己回答问题。

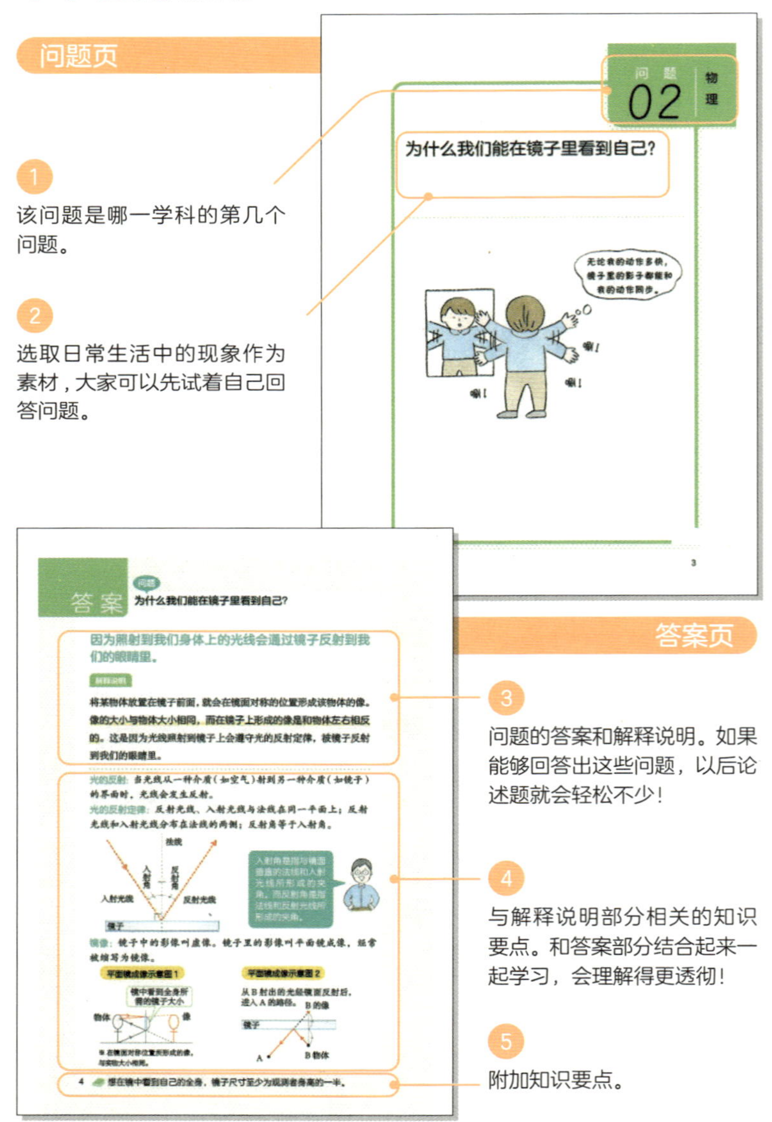

答案页

3 问题的答案和解释说明。如果能够回答出这些问题，以后论述题就会轻松不少！

4 与解释说明部分相关的知识要点。和答案部分结合起来一起学习，会理解得更透彻！

5 附加知识要点。

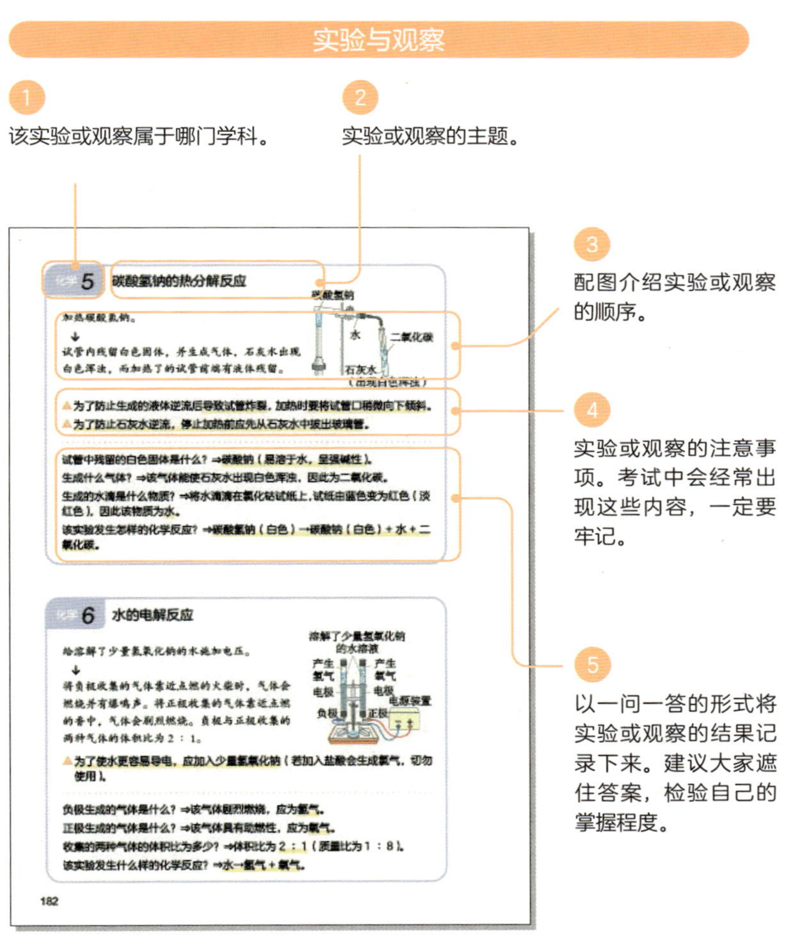

编者著：本书中知识点参考人教版初中物理、化学、地理、生物教材审订。

目录

· 物理 ·

·化学·

· 地理 ·

·生物·

· 实验与观察 ·

为什么我们能看到从汽车头灯射出的光束呢？

问题

答案　为什么我们能看到从汽车头灯射出的光束呢？

因为空气中的灰尘等物质能够反射光。

解释说明

光以大约 30 万千米 / 秒的速度传播，因此人的肉眼并不能直接看到光。但是我们能看到从汽车头灯射出的或电影院里放映机投向银幕的光束。**这是因为光照射在空气中飘浮的某种物质上，我们看见该物质，得以看到光**。而且，光在空气和玻璃等透明的均匀介质中直线传播。

光的传播速度（光速）：光在真空中的传播速度约为 30 万千米 / 秒。地球周长约为 4 万千米，光能在 1 秒内绕地球转 7.5 周。

光的直线传播：光在同一均匀介质中都是沿直线传播的。

❶ 平行光：照射在地球上的太阳光线几乎都是平行传播的。

❷ 散射光：灯泡等光源发射出的光线是由一点向多个方向散射的。

光速约为 30 万千米 / 秒，光能在 1 秒内绕地球转 7.5 周！

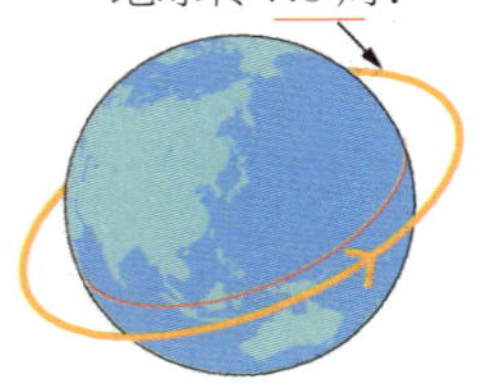

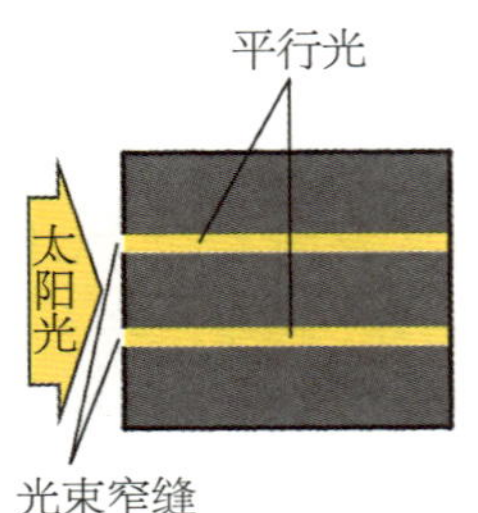

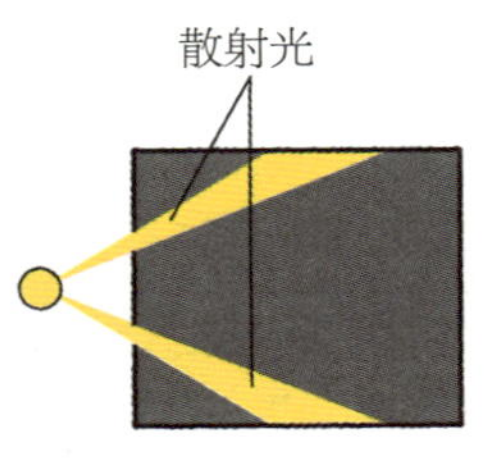

地球到太阳的距离约为 1.5 亿千米，非常遥远。太阳发出的光只有一部分到达地球。

针孔照相机就是利用光的直线传播原理。

问题 02 物理

为什么我们能在镜子里看到自己？

答案

问题

为什么我们能在镜子里看到自己?

因为照射到我们身体上的光线会通过镜子反射到我们的眼睛里。

解释说明

将某物体放置在镜子前面，就会在镜面对称的位置形成该物体的像。**像的大小与物体大小相同，而在镜子上形成的像是和物体左右相反的**。这是因为光线照射到镜子上会遵守光的反射定律，被镜子反射到我们的眼睛里。

光的反射：当光线从一种介质（如空气）射到另一种介质（如镜子）的界面时，光线会发生反射。

光的反射定律：反射光线、入射光线与法线在同一平面上；反射光线和入射光线分布在法线的两侧；反射角等于入射角。

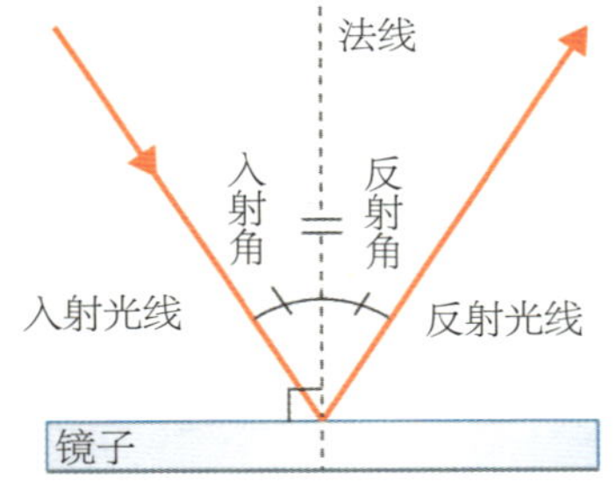

入射角是指与镜面垂直的法线和入射光线所形成的夹角。而反射角是指法线和反射光线所形成的夹角。

镜像：镜子中的影像叫虚像。镜子里的影像叫平面镜成像，经常被缩写为镜像。

平面镜成像示意图 1

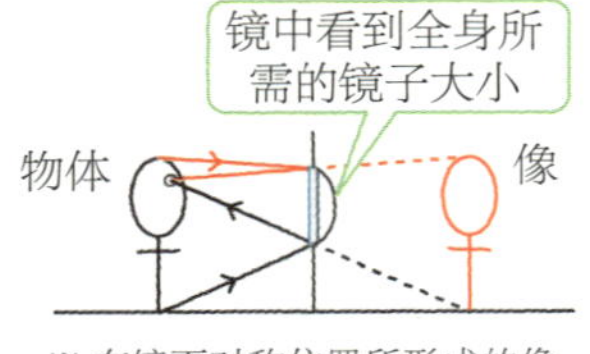

※ 在镜面对称位置所形成的像，与实物大小相同。

平面镜成像示意图 2

从 B 射出的光经镜面反射后，进入 A 的路径。

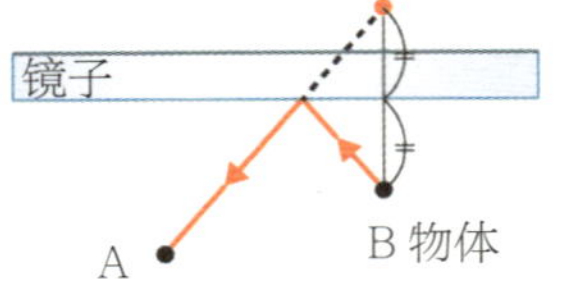

 想在镜中看到自己的全身，镜子尺寸至少为观测者身高的一半。

问题 03 物理

将筷子放入装了水的玻璃杯中，为什么从水面看去筷子像被折断了呢？

答案

问题

将筷子放入装了水的玻璃杯中，为什么从水面看去筷子像被折断了呢？

因为光从水中传播到空气中时发生了折射。

解释说明

光的传播速度（光速）按照“真空中 > 空气中 > 水中 > 玻璃中”的顺序递减。**由于两种介质的折射率不同，光线的传播方向会发生改变，即光线向水面偏折**。我们看到的并不是筷子在水中的实际位置，而是筷子**由于光的折射而形成的虚像**。这个虚像的位置比筷子在水中的实际位置要高，因此从水面看去筷子就像被折断了一样。

光的传播速度（光速）：光的传播速度（光速）按照“真空中 > 空气中 > 水中 > 玻璃中”的顺序递减。

光的折射现象：在两种介质中发生折射，入射角和折射角的大小关系如下：

❶ 光从空气中传播到水中：入射角 > 折射角。

❷ 光从水中传播到空气中：入射角 < 折射角。

光的种类：

❶ 可见光：赤、橙、黄、绿、青、蓝、紫（按照赤→紫的顺序，折射角逐渐增大）。

❷ 不可见光：红外线、紫外线等。

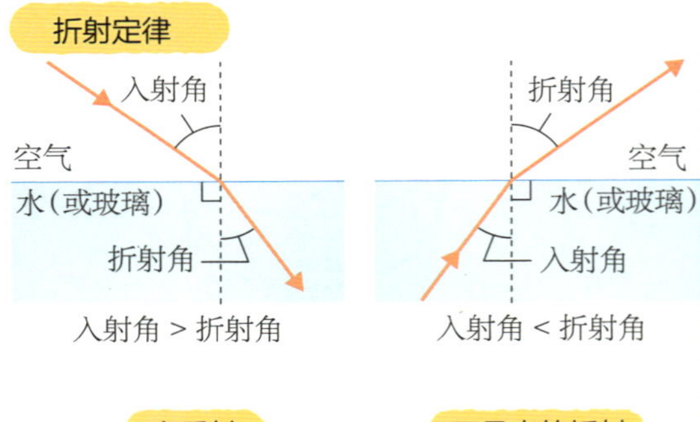

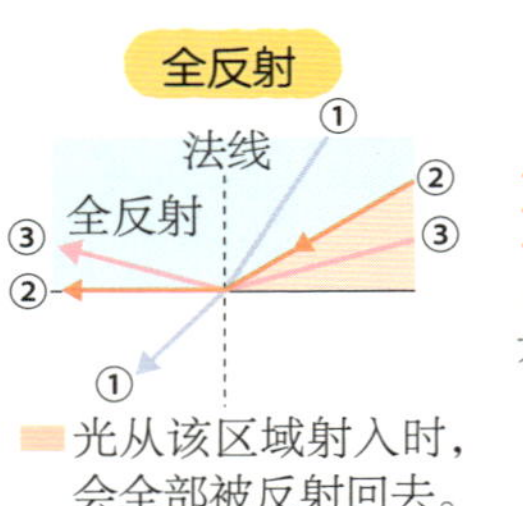

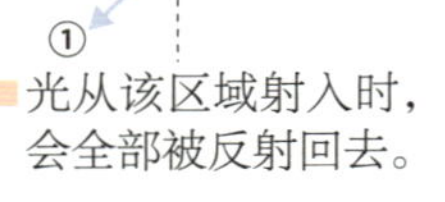

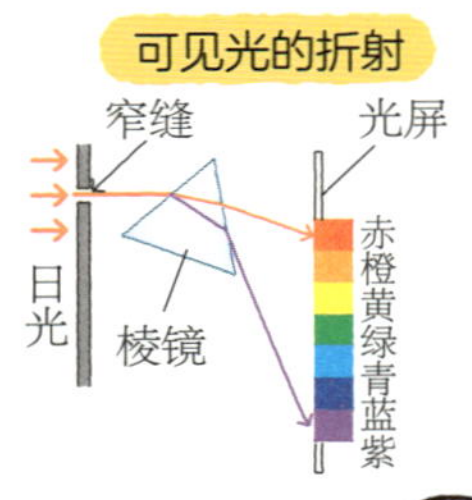

光能在真空中传播，声音不能在真空中传播。

当太阳光照射到悬浮在空中的水滴时，光线会发生折射、反射和色散，从而形成彩虹。

问题 04 物理

为什么放大镜能把物体放大呢？

答案

问题

为什么放大镜能把物体放大呢?

因为放大镜是凸透镜，通过它能够看到比实物更大的虚像。

解释说明

凸透镜有两个焦点，分别位于光轴中心（光心）两边对称的位置上。从焦点到光心的距离称为焦距，当物体位于焦点之内，就能在凸透镜同一侧看到比物体更大的虚像。

凸透镜各部分名称

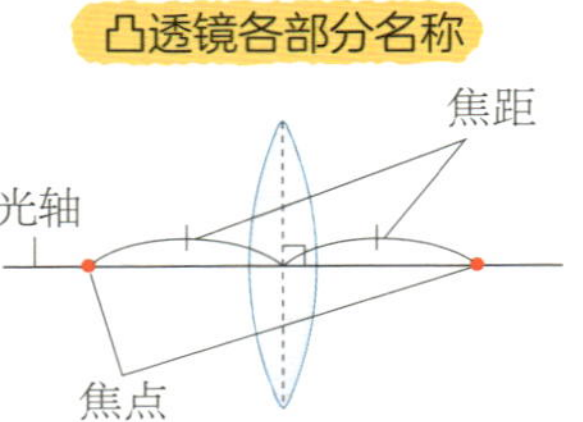

光经过凸透镜后的传播路径:

1. 射入光心的光：保持直行。
2. 与光轴平行的光：汇聚于凸透镜另一侧的焦点继续传播。
3. 汇聚于一侧焦点的光：沿着与光轴平行的方向继续传播。

通过凸透镜的光

凸透镜所成的物体的像:

1. 物体位于比焦点更远的位置：在物体的另一侧形成上下左右颠倒的像（倒立实像）。这个像会映在光屏上。
2. 物体位于比焦点更近的位置：在物体的同一侧形成上下不颠倒的、比实物更大的像（正立虚像）。这个像不会映在光屏上。

成像示意图

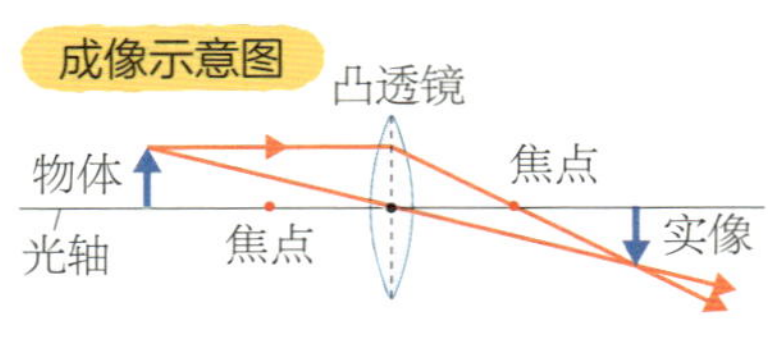

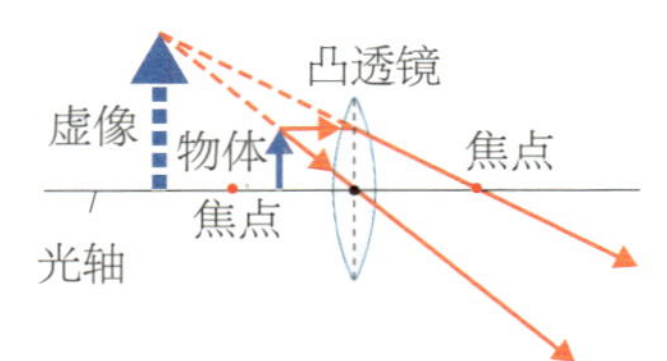

 将物体远离凸透镜时，形成的实像会变小，同时也更靠近凸透镜。

问题 05 物理

为什么我们先看到远处的烟花，后听到烟花的声音呢?

答案

问题

为什么我们先看到远处的烟花，后听到烟花的声音呢？

因为声音的传播速度（声速）比光的传播速度（光速）要慢得多。

解释说明

光在真空中的传播速度约为30万千米/秒，而声音在空气中的传播速度（15℃左右）约为340米/秒。声速比光速要慢得多，因此放烟花时，同时产生光和声音，但声音传到人耳中所需的时间要比人看到光的时间更长。

声速	光速
声音在气温15℃左右的空气中的传播速度约为340米/秒（1马赫）；世界上速度最快的飞机约为3.19米/秒（9.8马赫）。	光在真空中的传播速度约为30万千米/秒；光在1秒内大约能绕地球7.5圈；光从太阳表面到达地球大约需要8分20秒。
慢←→快 空气中 < 水中 < 玻璃中	慢←→快 玻璃中 < 水中 < 空气中

声音的传播速度（声速）：声速按照“空气中 < 水中 < 固体中”的顺序递增。声音在真空中无法传播。

发声体（声源）：自身能够发出声音的物体。

声音传入人耳所需的时间：发声体和观测者的距离（米）÷声速（米/秒）

声速、距离和传入人耳所需时间的关系

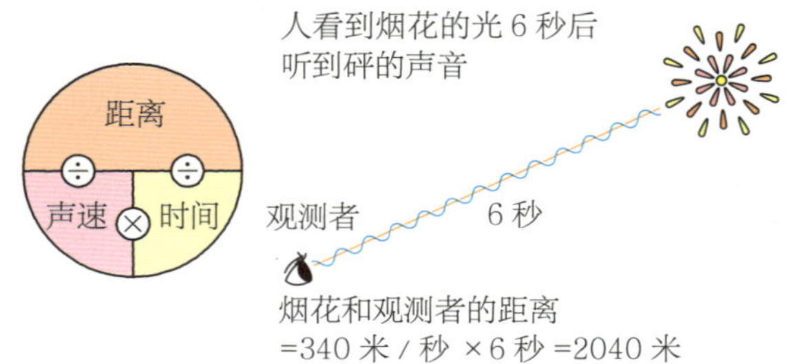

声音在空气中传播时，速度会因气温高低而异。大约“331米/秒+0.6×气温”。

声音在水中的传播速度超过1000米/秒。

为什么我们能听到山谷的回声呢？

问题

答案 为什么我们能听到山谷的回声呢？

因为声音遇到山谷会被反射回来，然后又传回了我们的耳朵。

解释说明

声音遇到坚硬的物体就会被反射回来，遇到海绵等柔软的物体则会被吸收。我们在山谷能够听到回声，是因为山谷将声音反射回来，又传回了我们的耳朵。

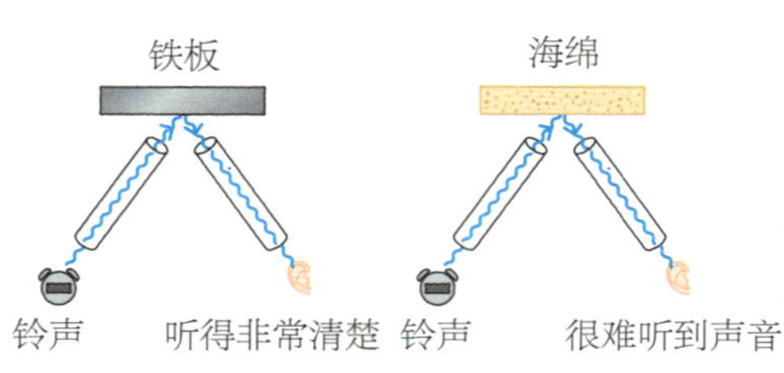

声音的反射现象：声音遇到坚硬的物体会被反射回来。声音的反射与光的反射一样，遵守“入射角 = 反射角”的反射定律。在浴室里唱歌时歌声会非常响亮，也是因为声音被墙壁反射了回来。

当声源移动时，观察者可以听到的音调高低：

1. 当声源靠近观察者时，观察者听到的音调比较高。
2. 当声源远离观察者时，观察者听到的音调比较低。

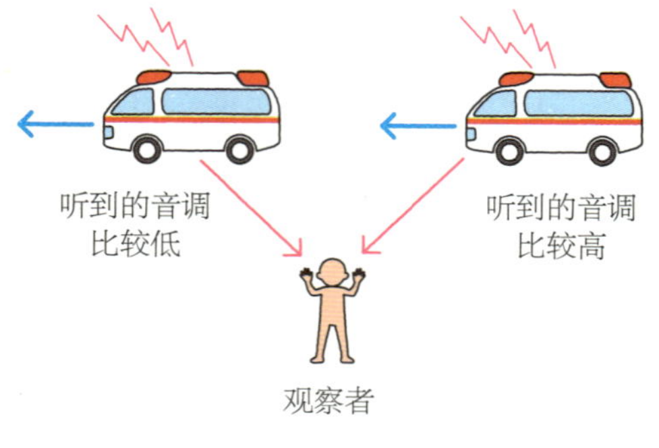

当声源或观察者移动时，观察者所能听到的声音频率和声源实际发出的声音频率是不同的。这种现象被称为“多普勒效应”。

 在音乐室的墙壁上往往会有很多小孔，就是为了防止声音的反射哦！

问题 07 物理

声音能够在太空中传播吗？

答案

问题

声音能够在太空中传播吗?

太空中没有空气，**因此声音无法在太空中传播**。

解释说明

声音是由物体的振动而产生的。也就是说，**如果周围没有可以振动的物体，声音就无法传播**。可以振动的物体包括气体、液体和固体。太空处于近似真空的状态，因此声音无法传播。

真空铃实验

把活塞往外拔的时候，瓶中空气会变少，电铃的声音也会变弱。

电铃

活塞

声音的传播方式：由周围物体的振动而传播。

声音三要素：**①响度；②音调；③音色**。

振动频率（Hz）：每秒钟内振动的次数。**振动频率越大，音调越高**。

单弦琴实验：琴弦越短、越紧、越细，弹出的音调越高。

音叉

波长

振幅

示波器检测出的波形

低音　高音

声音小　声音大

单弦琴实验

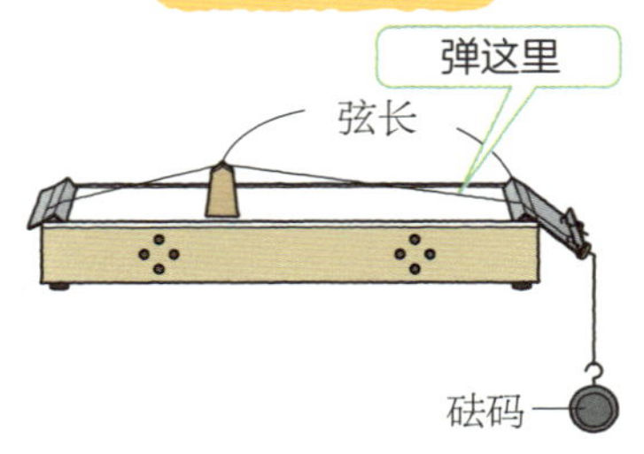

像声音一样边振动边传播的现象叫“波动”。

用力地弹单弦琴的琴弦，声音就会变大，但音调高低没有变化。

问题 08 物理

在重力只有地球六分之一的月球表面，使用托盘天平称 1 个 150g 的苹果时，会显示多少克呢？

答案

在重力只有地球六分之一的月球表面，使用托盘天平称 1 个 150g 的苹果时，会显示多少克呢？

在月球表面所称的苹果克重仍为 150g。

解释说明

物体中所含物质的数量被称为质量，单位为 g 或 kg。**物体的位置发生改变，质量却不会发生变化**。一般用托盘天平来测物体的质量。此外，**物体的重量（重力）**是指地球或月球对该物体的引力，单位用衡量力大小的牛顿（N）来表示。

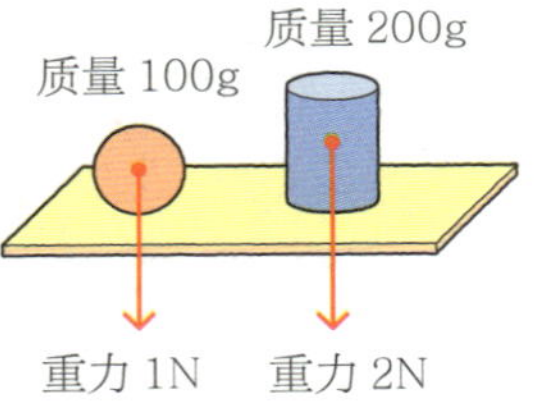

物体的质量：物体中所含物质的数量。单位为 g 或 kg。

物体的重量（重力）：地球或月球对物体的引力，单位用衡量力大小的牛顿（N）来表示。地球上质量为 100g 的物体所承受的重力约为 1N。

物体的质量与重量的关系：在同一场所，物体的质量与物体所受的重力成正比。

例如 质量为 100g 的物体所受的重力约为 1N，质量为 200g 的物体所受的重力则约为 2N。

托盘天平和测力计：托盘天平用来测量物体的质量，而测力计用来测量物体所受重力的大小。

托盘天平

150g 砝码 150g 150g 砝码 150g

地球表面 月球表面

测力计

测力计 1.5N 测力计 0.25N

测力计对苹果的拉力

1.5N 150g 1.5N 0.25N 150g 0.25N

地球表面 月球表面

月球的重力只有地球的六分之一。

准确来说，地球上质量为 100g 的物体所受的重力约为 0.98N。为了简化计算、便于理解，本书中取整数 1N。

问题 09 物理

所有的物体都受到重力的作用，那为什么物体能在地面上静止不动呢？

问题

答案 所有的物体都受到重力的作用，那为什么物体能在地面上静止不动呢？

物体在受到重力的同时，还会受到与重力大小相等的来自地面的支持力，而这两个力相互平衡。

解释说明

地球上所有的物体都会受到指向地心的重力的作用。地球上处于静止状态的物体会同时受到重力和来自地面的支持力。这两个力大小相同，方向相反，而且相互平衡，因此地面上的物体才能保持静止状态。

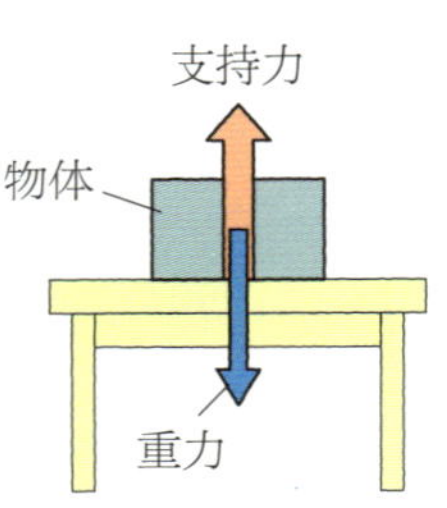

重力（N）：物体由于地球的吸引而受到的力叫重力。

支持力（N）：由于支撑面发生弹性形变，对被支持的物体产生的弹力叫支持力。

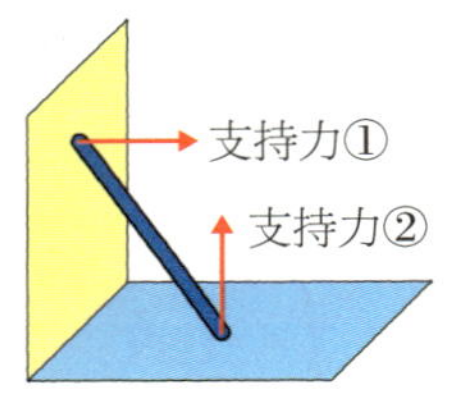

力的平衡：一个物体在受到多个力的作用时，如果这些力的作用效果相互抵消，使得物体保持静止状态或匀速直线运动状态，这个物体就处于力的平衡状态。

二力平衡的条件：①力的大小相等；②力的方向相反；③二力作用在同一物体、同一条直线上。

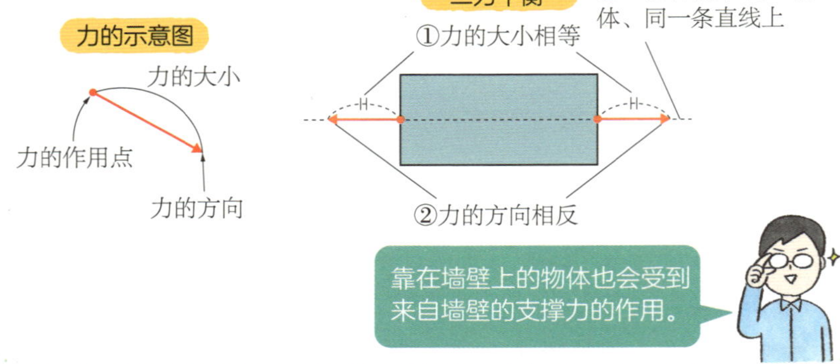

靠在墙壁上的物体也会受到来自墙壁的支撑力的作用。

物体处于运动状态时，也会出现外力平衡的情况，比如物体保持一定的速度运动时。

电池上的“V”是表示什么的单位呢？

答案

问题

电池上的“V”是表示什么的单位呢？

“V”是表示电压的单位，电压是电路中自由电荷定向移动形成电流的原因。

解释说明

电压是电路中自由电荷定向移动形成电流的原因，其单位为伏特（V）。导体对电流的阻碍作用被称为电阻，电阻的单位为欧姆（Ω）。单位时间内通过导体某一横截面的电荷量，简称电流。表示电流大小的单位为安培（A）。

电路：电流流过的回路。电流从电源的正极（+）流向负极（−）。
电压（V）：在电路中自由电荷定向移动形成电流的原因。
电阻（Ω）：导体对电流的阻碍作用的大小。各种导体的电阻各不相同。
电流（A）：单位时间内通过导体某一横截面的电荷量，简称电流。电流的方向是从电源的正极流向负极。

电路图符号

电源	开关	电容器
负极(−) 正极(+)		
电灯泡	电阻	发动机
		M
电流表	电压表	检流计
A	V	G

欧姆定律公式：电压（V）= 电流（A）× 电阻（Ω）

欧姆定律公式

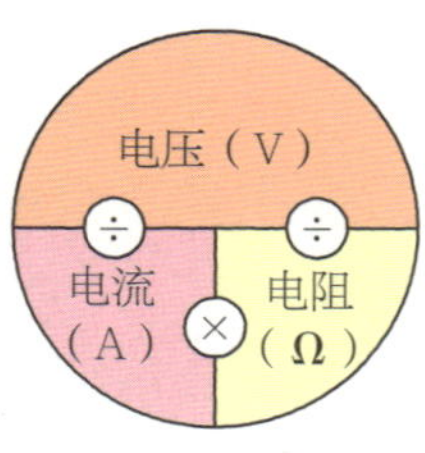

例如

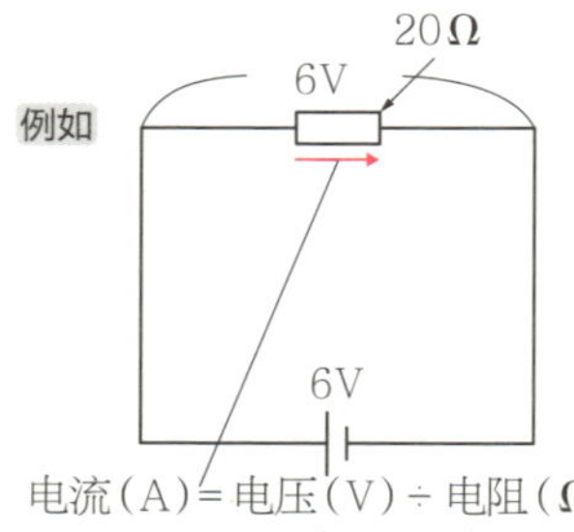

电流（A）= 电压（V）÷ 电阻（Ω）
6V÷20Ω=0.3A（300mA）

一般用毫安（mA）作为电流的单位。1A=1000 mA。

同样粗细和长度的导体的电阻

银＜铜＜金＜铝＜铁

同一种金属的电阻大小，与其金属线的长短成正比，与其横截面面积成反比。

问题 11 物理

串联电路中，如果其中一只灯泡坏了，其他灯泡会怎么样呢？

答案

问题

串联电路中，如果其中一只灯泡坏了，其他灯泡会怎么样呢？

如果其中一只灯泡坏了，其他的灯泡也都会灭。

解释说明

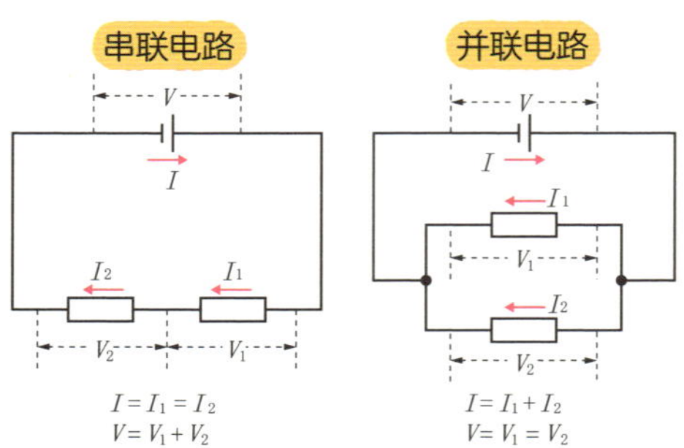

将若干个电路元件（灯泡或电阻）沿着单一路径逐个顺次连接起来的电路被称为**串联电路**。串联电路只有一条路径，其中一只灯泡坏掉后，电流就无法继续通行，其他的灯泡也都会熄灭。另外，同时拥有两条及两条以上路径的电路连接方式，被称为**并联电路**。在串联电路和并联电路中，电源电压的计算方法是不同的。

串联电路：电流只有一条路径的电路。

并联电路：电流同时拥有两条及两条以上路径的电路。

串联电路中电源电压的计算方法：$V=V_1+V_2$

并联电路中电源电压的计算方法：$V=V_1=V_2$

串联电路范例

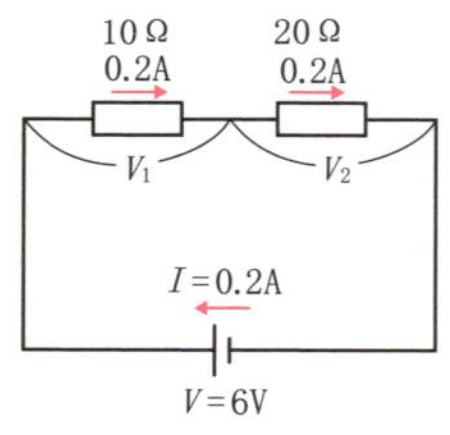

总电阻 $R=10\,\Omega+20\,\Omega=30\,\Omega$

$I=6V\div30\,\Omega=0.2A$

$V_1=0.2A\times10\,\Omega=2V$

$V_2=0.2A\times20\,\Omega=4V$

并联电路范例

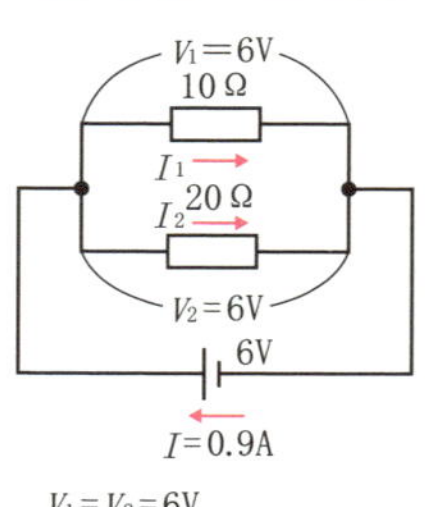

$V_1=V_2=6V$

$I_1=6V\div10\,\Omega=0.6A$

$I_2=6V\div20\,\Omega=0.3A$

$I=0.6A+0.3A=0.9A$

确定各个电阻承受的电压后，就可以根据欧姆定律计算出流经各个电阻的电流大小。

将串联电路的总电阻标记为 R，则 $R=r_1+r_2$；将并联电路的总电阻标记为 R，则 $\frac{1}{R}=\frac{1}{r_1}+\frac{1}{r_2}$。

问题 12 物理

微波炉上的“W”是表示什么的单位呢？

答案

问题

微波炉上的“W”是表示什么的单位呢?

“W”是表示电功率的单位，表示微波炉在工作时将电能转化为微波辐射的速度。

解释说明

电流在单位时间内做的功被称为电功率，单位为瓦特（W）。比如，电功率为 500W 的微波炉，需要花 30 秒加热食物；电功率为 1000W 的微波炉，只需要花 15 秒就能加热食物。

消耗电功率示意图

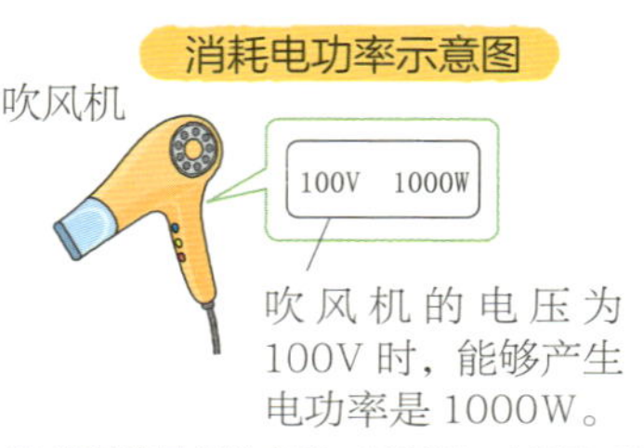

※ 流经吹风机的电流 =1000W ÷ 100V=10A

电功率（W）：电流在单位时间内做的功。

公式 电功率（W）= 电流（A）× 电压（V）

电能（J）（kWh）：电以各种形式做功的能力。

公式 电能(J)= 电流(A)× 电压(V)× 时间(s)= 电功率(W)× 时间(s)

电能(kWh)= 电流(A)× 电压(V)× 时间(h)= 电功率(W)× 时间(h)

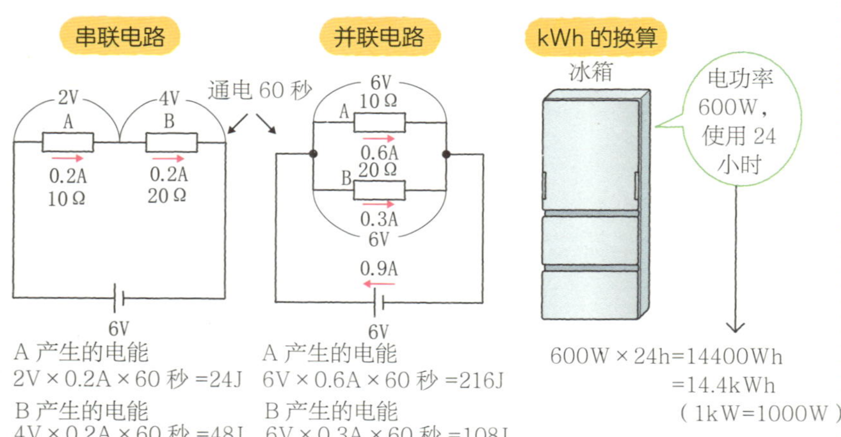

A 产生的电能
2V × 0.2A × 60 秒 =24J

B 产生的电能
4V × 0.2A × 60 秒 =48J

A 产生的电能
6V × 0.6A × 60 秒 =216J

B 产生的电能
6V × 0.3A × 60 秒 =108J

600W × 24h=14400Wh
=14.4kWh
（1kW=1000W）

焦耳（J）是表示能量和做功的单位哦！

 电功率（W）也可用“J/s”来表示。

问题 13 物理

零食袋上的“kcal”中的“cal”是什么单位呢？

答案

问题

零食袋上的"kcal"中的"cal"是什么单位呢？

"cal"和焦耳（J）一样，都是表示热量等能量的单位。

解释说明

1卡路里(cal)是指在1个大气压下，将1g水提升1℃所需的热量(能量)。热量和电能、光能一样，也是一种能量。千卡(kcal)和焦耳(J)一样，也是表示热量等能量的单位，国际标准的能量单位是焦耳(J)。1cal约等于4.2J。

1cal：是指将1g水提升1℃所需的热量。1kcal=1000cal。

公式 水获得的热量（cal）= 水的质量（g）× 上升温度（℃）

用电阻加热水时：

公式 电阻产生的热量（J）= 电流（A）× 电压（V）× 时间（s）

电阻所产生的热量中只有一部分用于加热水温，因此水获得的热量<电阻产生的热量。

"cal"和"J"的关系：两者都是能量单位，1cal约等于4.2J。

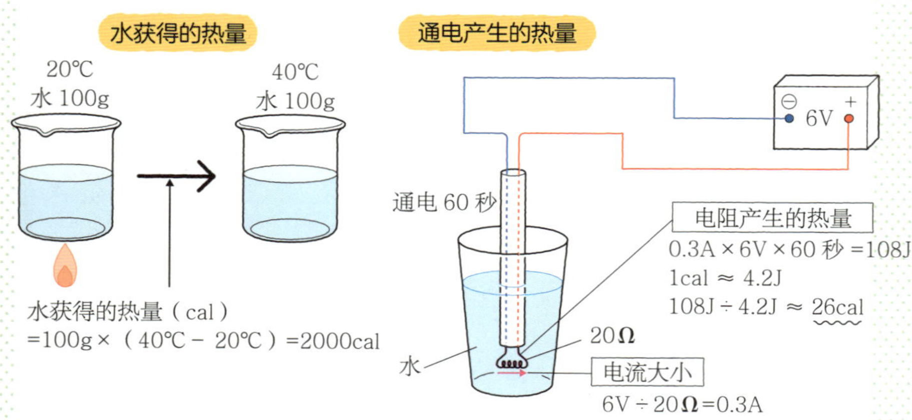

 电阻产生的一部分热量用于使容器温度上升。

太阳能发电是怎么一回事呢？

答案

问题

太阳能发电是怎么一回事呢？

太阳能板主要由 p 型和 n 型两种半导体组成。当太阳光照射到太阳能板上时，能够激发半导体内的电子形成电流，从而产生电能。

解释说明

太阳能发电是指太阳能板受到太阳光照射而产生电能。这种发电方式简单方便，可以利用自然能源发电，不必担心能源不足的问题。但这种发电方式也有缺点，如发电量容易受到天气状况的影响等。

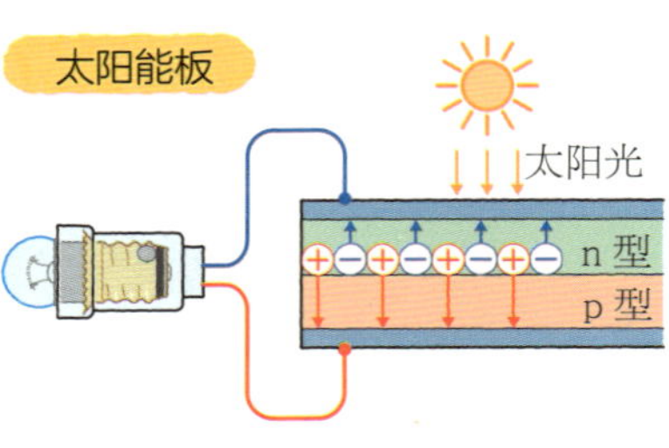

太阳能发电：当 p 型和 n 型两种半导体受到太阳光照射时，会各自产生正负两种电荷，从而形成电流，产生电能。

❶ 优点：可以利用自然能源发电，不必担心能源不足的问题；不会产生二氧化碳等温室气体；操作简单等。

❷ 缺点：需要大片土地；容易受到天气状况的影响；费用较高等。

能量转换：光、声音、热和电等能量可以转换为其他形式的能量。

例如 太阳能发电：光能→电能。

利用自然资源发电的方式还包括风力发电和地热发电等。

问题 15 物理

雷电是如何产生的呢？

答案

问题

雷电是如何产生的呢?

云中的冰粒相互碰撞后，下端云体会带负电荷，而地面带正电荷。当大气无法承受大量电荷时，就会产生放电现象。

解释说明

两个物体相互摩擦时会产生正电荷和负电荷，这被称为**静电**。积雨云中的水滴相互碰撞时，就会产生静电。云层下部分带负电荷，地面则带正电荷。随着大量电荷的不断积累，正电荷和负电荷相互吸引，就会在大气中形成电流，这便是雷电。

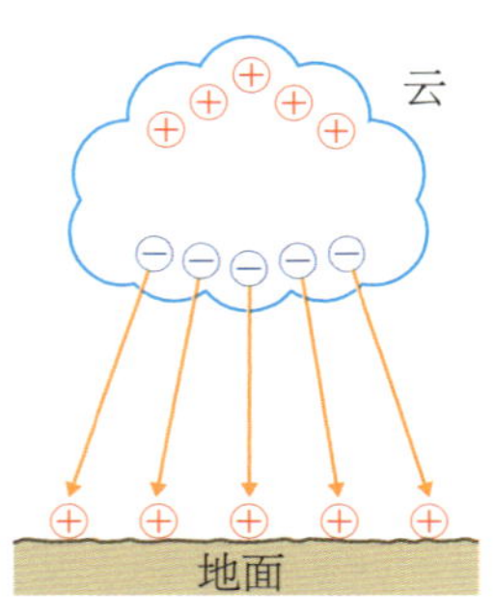

静电：两个物体相互摩擦时会产生静电。有些物体容易带正电荷，有些物体则容易带负电荷。正电荷和负电荷会相互吸引。

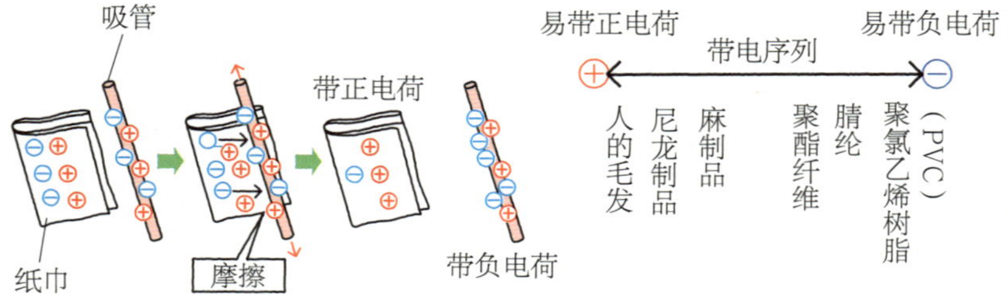

闪电：在空气中形成的强烈电流（电子流）。

负极射线：电子在空气中从负极流向正极的现象。

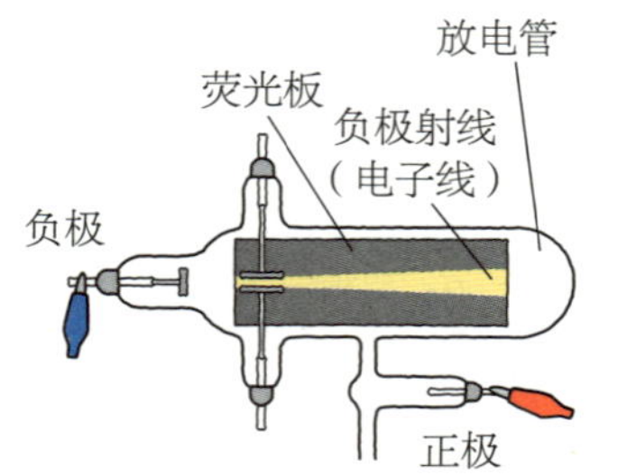

 当物体带正电荷或负电荷时，我们称该物体“带电”。

问 题 16 物理

将磁铁置于四散的铁屑之上，铁屑就会形成一定的轨迹，这是为什么？

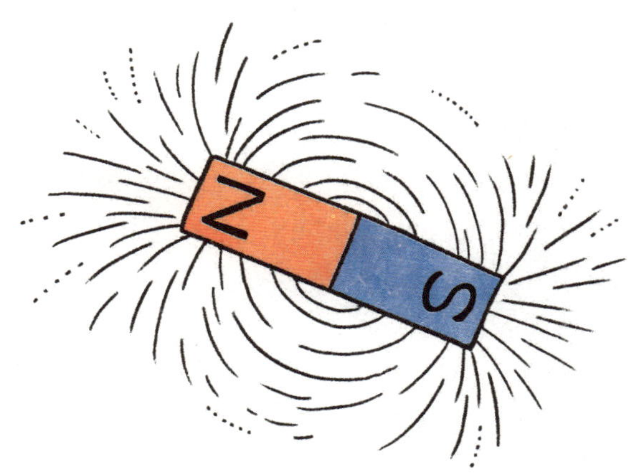

答案

将磁铁置于四散的铁屑之上，铁屑就会形成一定的轨迹，这是为什么？

因为铁屑会被磁铁磁化，然后沿着磁铁的磁感线运动。

解释说明

磁铁上有 N 极和 S 极，**会产生从 N 极出来并进入 S 极的磁感线**（肉眼不可见）。如右图所示，磁感线用箭头表示。将小磁针靠近磁铁时，小磁针的 N 极所指的方向即为该点的磁感线方向，从而判断出磁场方向。而电流流经导线时，在其周围会形成圆形的磁感线。

磁场和磁感线

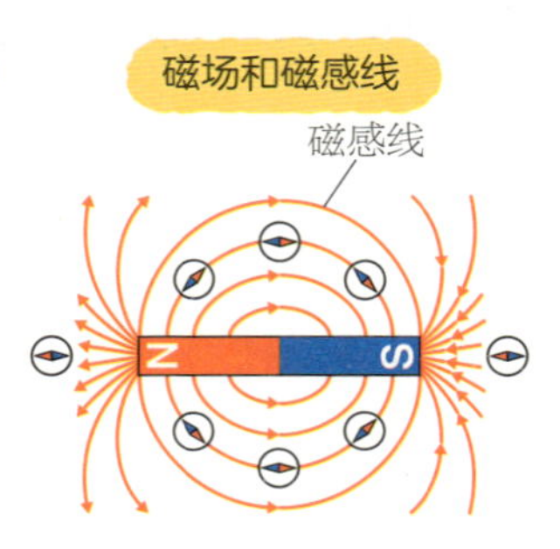

磁场：传递实物间磁力作用的场。

磁感线：磁感线从磁铁的 N 极出来并进入 S 极。

电流和磁场：电流流经导线时，在其周围会形成磁场（磁感线）。

安培定则（也称右手螺旋定则）：表示电流和电流激发磁场的磁感线方向间关系的定则。

电磁铁：当电流流经缠绕线圈的漆包线时，就会产生磁场，并形成电磁铁。电磁铁的磁力大小分别与漆包线的缠绕圈数及流经线圈的电流大小成正比。

安培定则

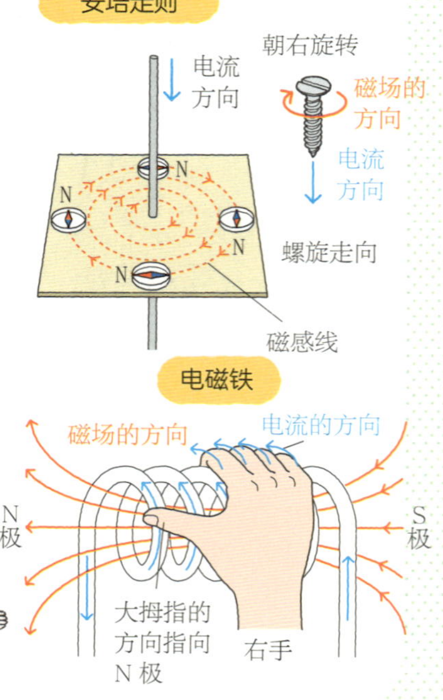

改变电流的方向，就可以改变电磁铁两极的方向哦！

 磁悬浮列车使用的就是可以改变 N 极和 S 极方向的电磁铁哦！

问题 17 物理

扬声器是如何发出声音的？

答案

问题

扬声器是如何发出声音的？

扬声器中的线圈通电时，就会产生磁场，这个磁场与永磁铁相互作用，会使扬声器振动膜发生振动，从而产生声音。

解释说明

扬声器中的线圈通电时，就会产生磁场，受到电磁力的作用。判断受力方向时，将左手的大拇指、食指、中指伸直，并相互垂直。中指所指的方向为电流方向，食指所指的方向为磁场方向，大拇指所指的方向就是通电导线所受外部磁场的磁力方向（左手定则）。扬声器就是利用电流所受外部磁场的磁力来发声的。

左手定则

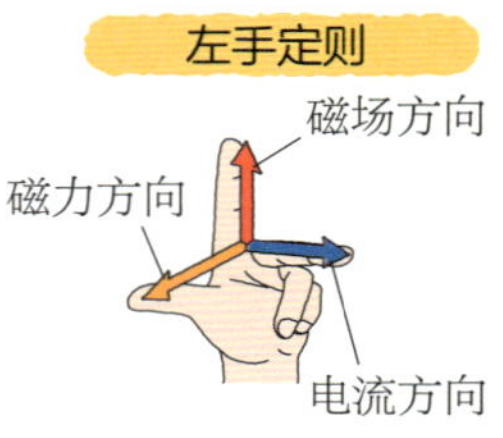

扬声器的工作原理

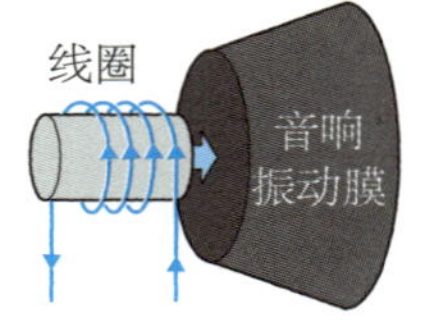

电流形成的磁场和磁铁产生的磁场会相互排斥，所以线圈会带动音响振动膜振动。

电流受到外部磁场的磁力

电流从外部磁场受力：通电的导线和导体棒会受到磁场的作用力。

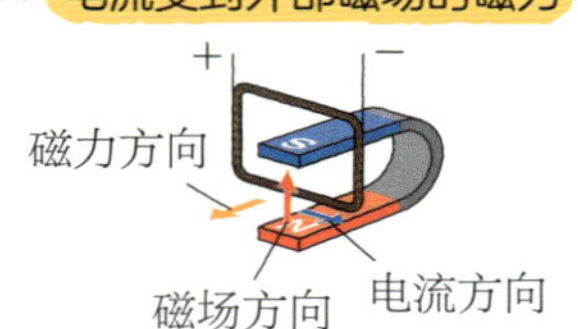

线圈电机也是利用电流所受外部磁场的磁力来工作的哦！

线圈电机的工作原理

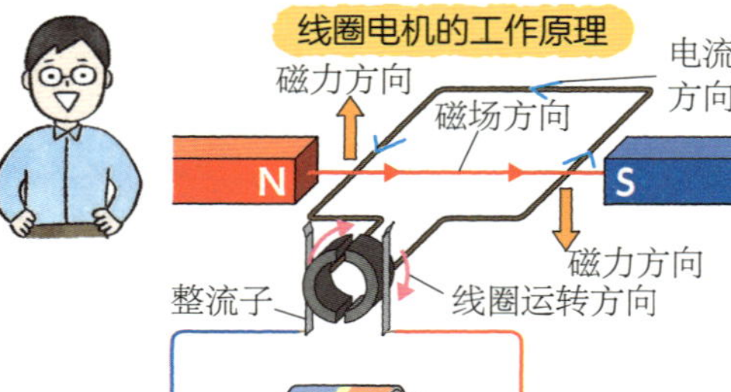

外部磁场和电流自身形成的磁场相互削弱，最终决定了电流的外部磁场的磁力方向。

问题 18 物理

为什么摇动手摇发电机的手柄会有电流产生呢？

问题

答案 为什么摇动手摇发电机的手柄会有电流产生呢？

使穿过线圈内的磁场发生变化，从而产生电流的现象叫电磁感应。发电机就是利用这种原理工作的。

解释说明

将线圈靠近永磁铁时，穿过线圈内的磁感线的条数便会增加。根据楞次定律，线圈会产生一个感应电流，该电流产生的磁场会阻碍磁通量的增加，因此线圈内产生了电流。这种现象被称为**电磁感应**，手摇发电机就是利用电磁感应来产生电流的。

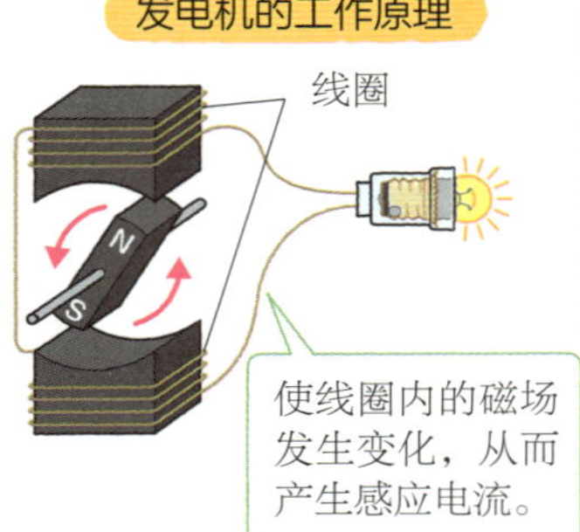

电磁感应：当穿过线圈内的磁感线条数出现增加或减少时，线圈就会产生一个磁场，来阻止磁感线条数的增加或减少。于是线圈内便产生了电流。

感应电流：由电磁感应而产生的电流。

直流电：按照恒定的方向，从电源的正极流向负极的电流。

交流电：电流方向一直发生改变的电流。

只有当穿过线圈内的外部磁场的磁感线条数发生变化时，才会产生感应电流。如果磁感线条数未发生变化，就不会产生感应电流哦！

电磁感应的原理

①靠近磁铁的 N 极

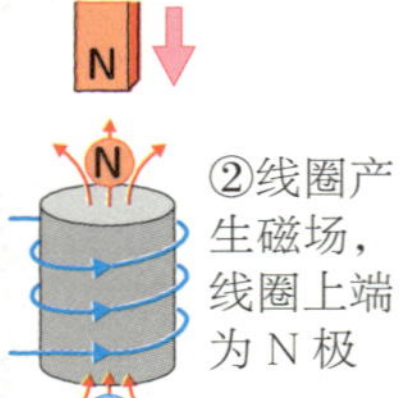

③产生电流

①远离磁铁的 N 极

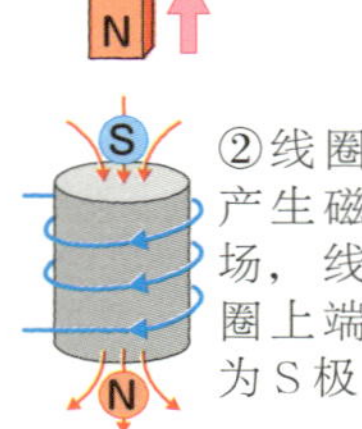

③产生电流

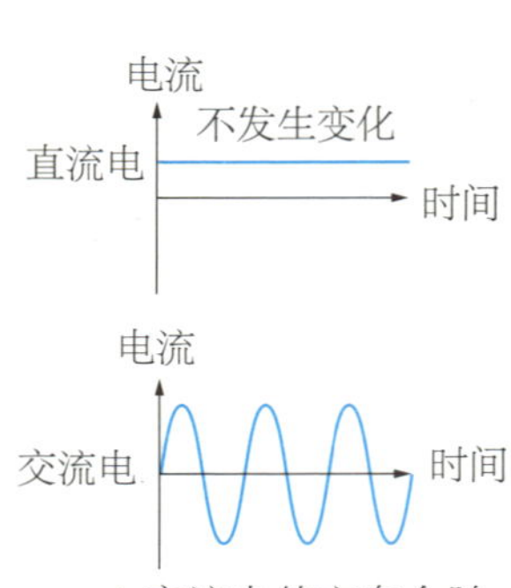

交流电的方向会随时间发生变化。

家用插座的电源是交流电。

问题 19 物理

在太空中轻轻碰一下物体，物体会如何运动呢？

问题

答案 在太空中轻轻碰一下物体，物体会如何运动呢?

物体会以一定的速度做匀速直线运动。

解释说明

运动的物体在不受任何外力作用时，会以一定的速度做直线运动，这种运动被称为匀速直线运动。在没有摩擦力的理想状态下物体运动可以视为这种状态。

匀速直线运动

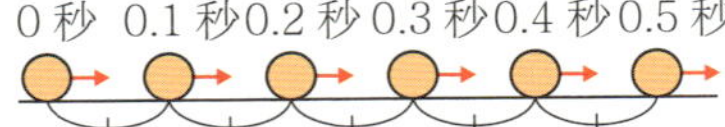

速度—时间图像　距离—时间图像

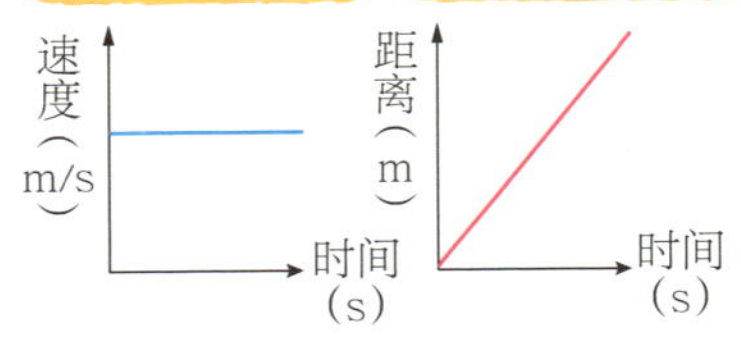

匀速直线运动：运动的物体在不受任何外力作用时，会以一定的速度做直线运动（静止的情况除外）。

平均速度和瞬时速度

1. 平均速度（m/s）：物体移动的总距离（m）÷ 物体移动所需的总时间（s）
2. 瞬时速度（m/s）：某一时刻物体的速度

平均速度和瞬时速度

A—B 2m/s　B—C 6m/s　C—D 3m/s

A　B　C　D

4m　36m　6m

做匀速直线运动的物体，其平均速度和瞬时速度是相同的哦！

物体从 A 移动到 D 的平均速度

（4m+36m+6m）÷ 10s=4.6m/s

物体从 B 点到 C 点的瞬时速度为 6m/s

物体从 C 点到 D 点的瞬时速度为 3m/s

物体从 A 移动到 D 所需的时间

（4m ÷ 2m/s）+（36m ÷ 6m/s）+（6m ÷ 3m/s）=10s

物体的平均速度由总位移和所需时间决定。

问题 20 物理

在斜面上轻轻放开物体，为什么物体的下滑速度会越来越快呢？

答案

问题

在斜面上轻轻放开物体，为什么物体的下滑速度会越来越快呢？

因为物体所受的重力会让物体受到沿着斜面向下滑的分力。

解释说明

地球上所有的物体都会受到朝向地心方向的重力。当物体位于一定倾角的斜面上时，其**重力会让物体受到沿着斜面向下的分力**，物体就会不断加速下滑。而且，**倾角越大，斜面方向的重力的分力就会越大**，加速度（速度变化快慢）也就会越大。

斜面上物体的受力情况

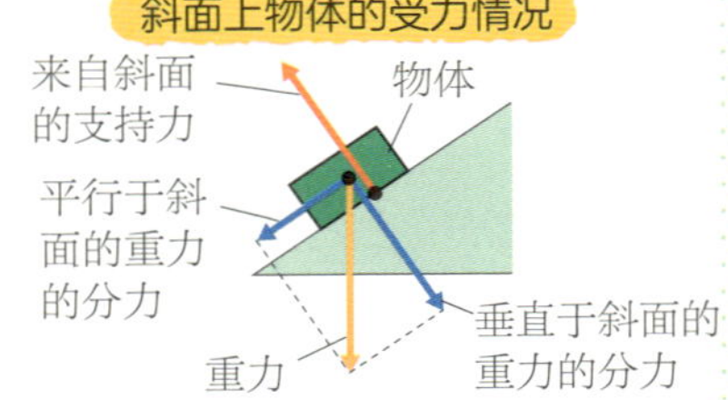

垂直于斜面的重力的分力，与物体所受的支持力大小是相同的哦！

作用于光滑斜面上的物体的力：重力和支持力。

作用于斜面上物体的重力的分力：分解为沿斜面方向和垂直于斜面方向的两个力。

物体以一定的比例不断加速的例子：在斜面上运动的物体、将物体轻轻放开时做自由落体运动的物体、在有摩擦力的平面上运动（减速运动）的物体等。

改变斜面倾角时的受力变化

支持力㊀大
平行于斜面的重力的分力㊀小
物体
垂直于斜面的重力的分力㊀大
小
重力

支持力㊀小
物体
平行于斜面的重力的分力㊀大
垂直于斜面的重力的分力㊀小
大
重力

自由落体运动是指常规物体只在重力的作用下，初速度为零的运动。

问题 21 物理

坐在行驶的车中遇到突然刹车，我们的身体为什么会向前倾呢？

坐在行驶的车中遇到突然刹车，我们的身体会向前倾，你知道这是为什么吗？

答案

坐在行驶的车中遇到突然刹车，我们的身体为什么会向前倾呢？

因为突然刹车时，车内的人由于惯性的影响，还会保持原来的状态继续向前运动。

解释说明

物体在没有受到任何外力作用时，会一直保持匀速直线运动，或一直保持静止状态。这种属性被称为**惯性**，而这种定律被称为**惯性定律**。当突然刹车时，车内的人由于惯性的影响，还会保持原来的状态继续向前运动，身体就会向前倾。

惯性定律：物体在没有受到任何外力作用时，会一直保持之前的运动状态（匀速直线运动状态），或一直保持静止状态。

惯性力：当物体受到外力时，置身其中的物体会受到与外力方向相反的力，这个力就是“惯性力”。

例如 公交车向前加速时，车内的吊环会向后摇晃、电梯向上加速时电梯内的人会受到向下的力等。

公交车加速到稳定速度时，吊环的摇晃幅度会减小。

惯性法则范例

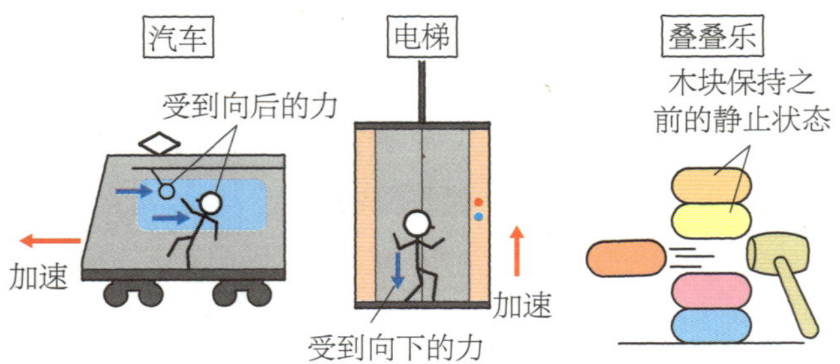

电梯下坠做自由落体运动时，电梯内的人根本感觉不到重力。太可怕了！

问题 22 | 物理

用桨划水，船为什么会前进呢？

答案

问题

用桨划水，船为什么会前进呢?

划桨时，桨会给水施加作用力，同时水也会给桨施加大小相同但方向相反的作用力。

解释说明

在两个物体A和B之间，当A给B施加作用力时，B也会给A施加大小相同但方向相反的作用力。这两个力分别被称为作用力和反作用力。这两个力还可作用于彼此分开的两个物体。

作用力与反作用力定律：两个物体间相互受力时，这两个力的方向相反且大小相同。

作用力与反作用力的范例：人推墙壁时也会受到来自墙壁的相反方向的力、两个磁铁的N极之间会相互排斥等。

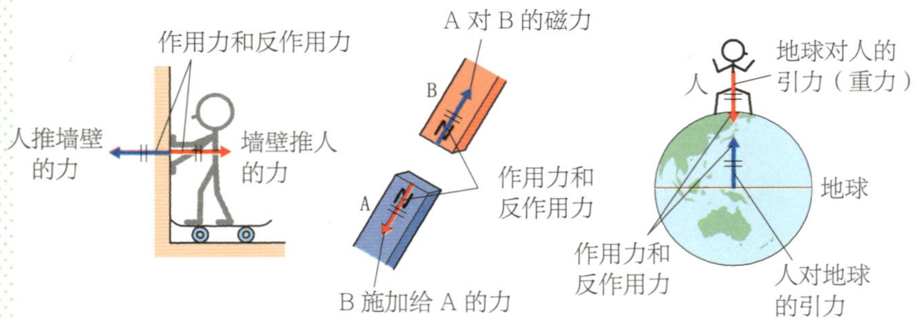

地球表面的物体都受到来自地球的引力（重力），同时物体也对地球施加大小相同的引力哦!

两个物体间相互受力就是作用力和反作用力，这与二力平衡不是同一概念。

问题 23 物理

为什么从越高的位置抛下物体，物体下落到最低点的速度就会越快呢？

问题

答案 为什么从越高的位置抛下物体，物体下落到最低点的速度就会越快呢？

因为物体的重力势能转化成了动能。

解释说明

高处物体所具有的能量被称为**势能**。从高处抛下物体时，**物体的一部分重力势能会转化为动能**。动能是指具有一定速度的物体的能量。物体的势能和动能之和被称为**机械能**。

势能（J）：高处物体所具有的能量。

公式 势能（J）：物体的重力（N）× 物体距离水平面的高度（m）

动能（J）：具有一定速度的物体的能量。

公式 动能（J）：$\frac{1}{2}$ × 物体的质量（kg）×〔物体的速度（m/s）〕^{2}

机械能（J）：物体的势能＋物体的动能。

机械能守恒：只有重力或弹力做功（外力不做功），物体机械能的总量会保持不变。

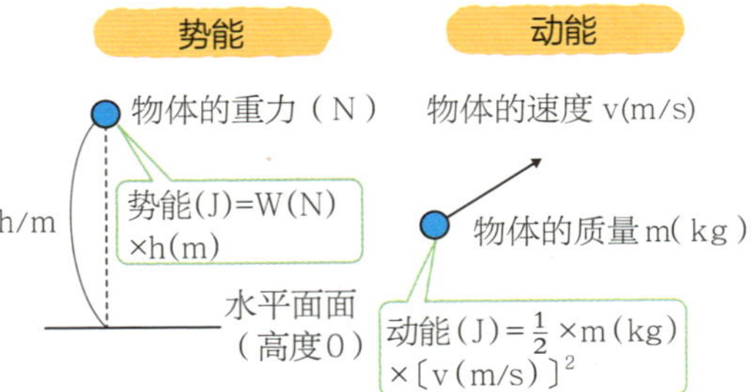

机械能守恒 例如

从光滑斜面上的 A 点轻轻放开物体时，机械能的总量保持不变。

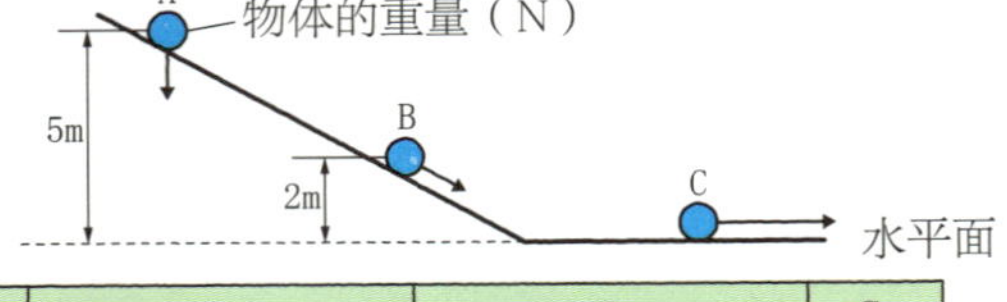

	A	B	C
势能	100N × 5m=500J	100N × 2m=200J	0J
动能	0J	300J	500J
机械能	500J	500J	500J

势能会因设定的参考表面而异哦！

外力是指空气阻力或摩擦力等力，做功（J）是指“物体所受外力 × 在受力方向上移动的距离”。单位时间内所做的功被称为功率（W）。

问题 01 化学

砂糖经过高温加热后会焦化，食盐经过高温加热后会怎样呢？

布丁上的焦糖就是砂糖经高温加热后生成的哦！

答案

砂糖经过高温加热会焦化，食盐经过高温加热后会怎样呢?

食盐遇热后不会焦化，但温度达到 800℃以上时就会融化为液体。

解释说明

砂糖等遇热会焦化的物质中都含有碳元素，但食盐等**不含碳元素的物质遇热不会焦化**。

砂糖等含有碳元素（或氢元素）的物质大部分都是**有机化合物**，而食盐（氯化钠）等不含碳元素的物质是**无机化合物**。

有机化合物：主要由碳元素、氢元素组成，燃烧时会生成**二氧化碳**和**水**。

例如 砂糖，淀粉，蜡，酒精，甲烷，塑料等。

无机物：除有机物以外的物质，通常指不含碳元素的纯净物和部分含碳化合物。

例如 食盐，铁、铜等金属，玻璃，氧气，氢气，二氧化碳，碳等。

有机物 + 氧气 →（燃烧）二氧化碳 + 水

有机化合物	无机化合物
砂糖、淀粉、蜡、酒精、甲烷、塑料等	食盐、金属、玻璃、氧气、氢气、二氧化碳、碳等

虽然碳和二氧化碳中也含有碳元素，但它们被归类为无机化合物哦!

构成人体肌肉等的蛋白质也是一种有机化合物。

问题 02 化学

为什么有些塑料瓶在水中会下沉，而瓶盖会浮在水面呢？

答案

问题

为什么有些塑料瓶在水中会下沉，而瓶盖会浮在水面呢？

因为有些塑料瓶材质的密度比水的密度大，而瓶盖材质的密度比水的密度小。

解释说明

密度（g/cm^3）是指物体在单位体积内的质量。水的密度※为 $1g/cm^3$。有些塑料瓶的材质是聚对苯二甲酸乙二醇酯，密度约为 $1.38\ g/cm^3$，密度比水大，因此在水中会下沉。而瓶盖的材质是聚丙烯，密度约为 $0.9g/cm^3$，密度比水小，因此会浮在水面上。

※4℃的水。

塑料的种类

塑料	简称	在水中
聚乙烯	PE	浮在水面
聚对苯二甲酸乙二醇酯	PET	沉在水底（塑料瓶）
聚氯乙烯	PVC	沉在水底
聚苯乙烯树脂	PS	沉在水底
聚丙烯	PP	浮在水面（塑料瓶盖）

密度：密度是指物体在单位体积内的质量。

公式 密度（g/cm^3）= 物体的质量（g）÷ 物体的体积（cm^3）

量筒：测量物体体积的仪器。

托盘天平：测量物体质量的仪器。

质量 ÷ 体积 ÷ 密度 ×

密度 = 质量（g）÷ 体积（cm^3）

各种物质的密度

物质	密度
铜	$8.96g/cm^3$
铁	$7.86g/cm^3$
铝	$2.7g/cm^3$
水（4℃）	$1g/cm^3$
PET	$1.38g/cm^3$
PP	$0.9g/cm^3$

量筒

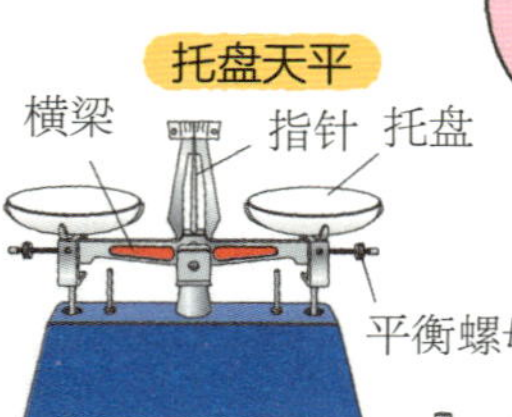

读取体积数时，视线要与量筒内液体的凹液面最低处保持水平，读数精确到小数点后 1 位。

“物体”通常指具体的大小和形状，而“物质”通常指具体的结构和材质。

食盐水的密度比水的密度大，而油之所以能浮在水面上，是因为其密度比水的密度小。

问题 03 化学

为什么涂双氧水的时候伤口会冒泡？

答案

问题

为什么涂双氧水的时候伤口会冒泡？

因为双氧水分解后生成了氧气。

解释说明

双氧水是过氧化氢稀释成浓度为3%的水溶液。**在过氧化氢中加入二氧化锰等催化剂后会发生剧烈反应，并分解为氧气和水**。而人体内的过氧化氢酶具有和二氧化锰类似的作用，因此双氧水在接触到人体时会产生泡沫（氧气）。氧气是一种无色、无味，不易溶于水，比同体积的空气略重的气体。

气体性质

气体	O_2（氧气）	CO_2（二氧化碳）	H_2（氢气）	NH_3（氨气）	HCl（氯化氢）
颜色 / 气味	无色、无味			无色、有刺激性气味	
与空气的重量比 ※	1.1 倍	1.5 倍	0.08 倍	0.59 倍	1.3 倍
水溶性	不易溶于水	微溶于水	不易溶于水	易溶于水	易溶于水

※ 各种气体体积相同时。

各种气体的制法

❶氧气制取法：过氧化氢→**氧气**＋水

❷二氧化碳制取法：盐酸＋碳酸钙→**二氧化碳**＋水＋氯化钙

❸氢气制取法：盐酸＋铁→**氢气**＋氯化亚铁 / 盐酸＋锌→**氢气**＋氯化锌

❹氨气制取法：氯化铵＋氢氧化钙→**氨气**＋水＋氯化钙

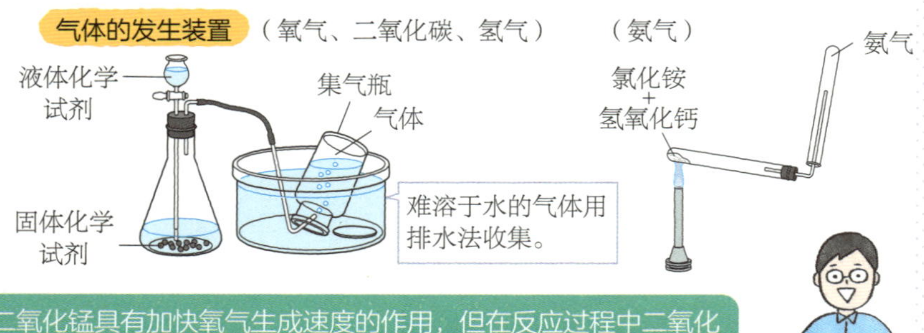

二氧化锰具有加快氧气生成速度的作用，但在反应过程中二氧化锰的化学性质保持不变。具有这种性质的物质被称为催化剂。

还有一些气体像氯气一样属于有色气体。氯气是一种黄绿色的气体。

问题 04 化学

在装有水的杯子里放入方糖，静置一会儿后，水的上半段更甜，还是下半段更甜?

答案

在装有水的杯子里放入方糖，静置一会儿后，水的上半段更甜，还是下半段更甜？

整杯水一样甜。

解释说明

将方糖放入水中，即便不搅拌，静置一会儿后，方糖所含砂糖的颗粒也会均匀分布在水中。因此，水的浓度也是相同的。物质溶解在水中后形成的液体被称为水溶液。水溶液呈透明状，各部分浓度相同，长时间静置也不会分层。

水溶液的性质：

❶透明（不一定是无色）；

❷各部分浓度相同；

❸长时间静置也不会分层；

❹过滤也无法提取出溶于水的物质。

过滤

将液体和固体分离的操作

溶质：溶液中被溶剂溶解的物质。

溶剂：一种可以溶解固体、液体或气体溶质的液体。

溶液：一种或几种物质分散到另一种物质里，形成的均一的、稳定的混合物。

$$溶液（g）= 溶剂（g）+ 溶质（g）$$

$$溶质的质量分数（\%）= \frac{溶质的质量}{溶液的质量} \times 100\%$$

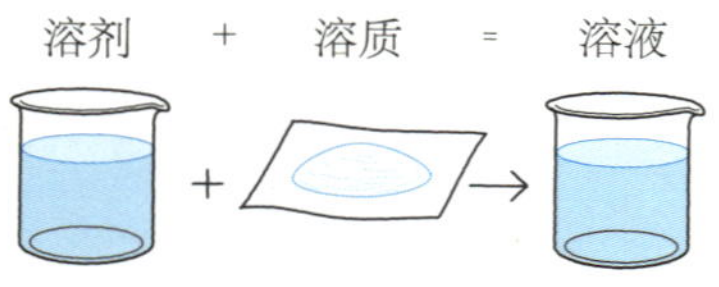

溶质的质量分数（%）

$$= \frac{50g}{100g+50g} \times 100\% \approx 33\%$$

当溶剂为水时，其溶液被称为水溶液。

如果溶液中有部分未溶解的物质（析出物），那么析出物的质量不包含在溶液质量中。

问题 05 化学

什么是饱和溶液?

答案

问题

什么是饱和溶液？

在一定温度下，向一定量溶剂里加入某种溶质，当溶质不能继续溶解时，所得到的溶液叫饱和溶液。

解释说明

某固态物质在100g溶剂（通常为水）中达到饱和状态时所溶解的溶质的质量叫这种物质在这种溶剂中的溶解度。溶解度会因物质和温度而异。**在一定温度下，向一定量溶剂里加入某种溶质，当溶质不能继续溶解时，所得到的溶液叫饱和溶液。**

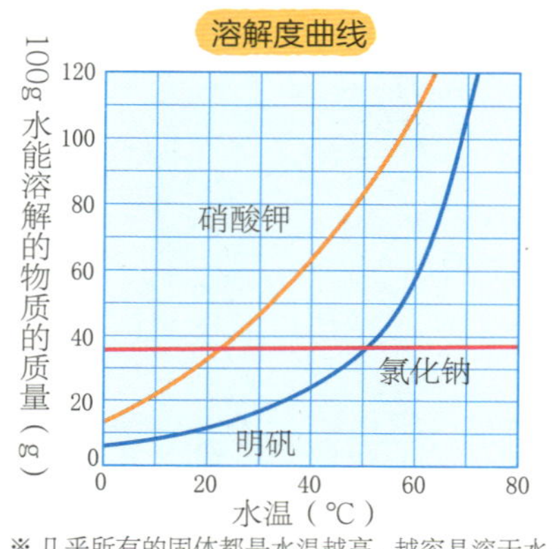

※ 几乎所有的固体都是水温越高，越容易溶于水。

溶解度：在一定温度下，某固态物质在100g溶剂中达到饱和状态时所溶解的溶质的质量。

溶解度曲线：不同物质呈现出的溶解度曲线各不相同，但几乎所有的固体物质都是溶剂温度越高，溶解度越高。※ 也有例外。

水量和可溶解的物质的量：相同水温下，水量与可溶解的物质的最大量成正比。

饱和溶液：在一定温度下，向一定量溶剂里加入某种溶质，当溶质不能继续溶解时，所得到的溶液叫饱和溶液。

水量与可溶解的物质的量

20℃ 水100g → 氯化钠 最多溶解36g

×2　×2

20℃ 水200g → 最多溶解72g

饱和溶液

饱和溶液

析出物

※ 二氧化碳等气体和氢氧化钙等物质，溶液温度越低，溶解度反而越高。

 在0℃时，100g水能溶解100g以上的砂糖。

问题 06 化学

干冰周围的白气是如何形成的?

答案

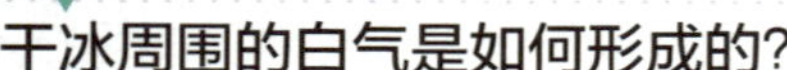

问题

干冰周围的白气是如何形成的?

是空气中的水蒸气遇干冰冷却液化形成的。

解释说明

干冰的温度约为零下 79℃，周围空气中的水蒸气（气体）遇干冰冷却后就会变成肉眼可见的水滴（液体）。这就是我们所看到的白气。

干冰是固态的二氧化碳。干冰放置在常温下变成气态的二氧化碳，就看不见了哦!

物质的状态变化：物质的形态分为固态、液态和气态三种，这被称为物质的“三态”。

物质吸热或放热时，就会经历固态⇌液态、液态⇌气态、固态⇌气态的状态变化。干冰周围的“白气”就是“气态（水蒸气）→液态（水）”的状态变化。

液化和升华：状态变化中“气态（水蒸气）→液态（水）”的状态变化叫液化，“固态→气态”的状态变化叫升华。

露：发生“空气中的水蒸气（气态）→水滴（液态）”的状态变化。

雾：发生“空气中的水蒸气（气态）→水滴（液态）”的状态变化（地表附近）。

霜：发生“空气中的水蒸气（气态）→冰粒（固态）”的状态变化。

霜柱：发生“土中的水（液态）→冰粒（固态）”的状态变化。

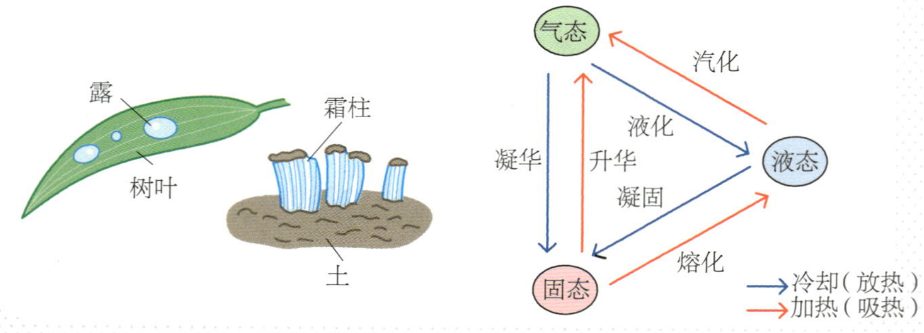

水的状态变化中，当水由液态（水）变为固态（冰）时，体积会增大。其他的物质一般体积会变小。

问题 07 化学

加热红葡萄酒出现的蒸汽，冷却后产生的液体是什么颜色？

答案

加热红葡萄酒出现的蒸汽，冷却后产生的液体是什么颜色？

产生的液体是无色透明的。

解释说明

红葡萄酒中的**乙醇大约在78℃就会沸腾，而水则是在100℃时沸腾**。加热乙醇和水的混合物时，**乙醇会先转化为气态**，冷却后就会变成无色透明的主要成分为乙醇的液体。而等到溶液温度达到100℃左右时，水开始沸腾，出现的水蒸气冷却后就会变成主要成分为水的液体。

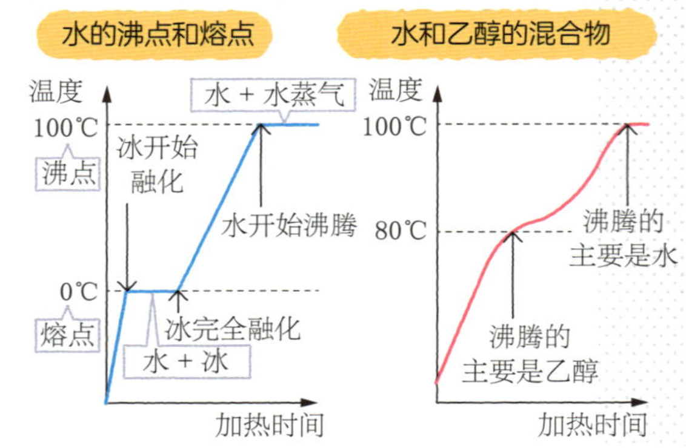

沸点：液体沸腾时的温度。

熔点：物质从固态变成液态时的温度。

蒸馏：加热液体至沸腾时，将产生的水蒸气冷却为液体的操作。这样操作可以从沸点各不相同的液体混合物中把各种液体分离出来。

蒸馏装置

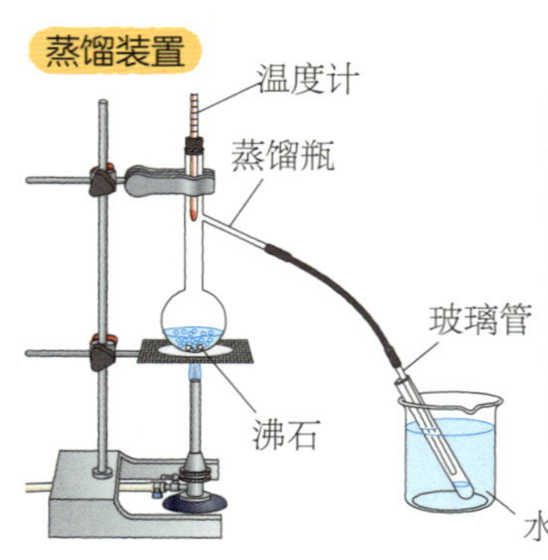

各种物质的熔点和沸点

物质名	熔点	沸点
水	0℃	100℃
乙醇	－114℃	78℃
氧气	－218℃	－183℃
食盐	801℃	1413℃
铁	1535℃	2750℃

当纯净物达到熔点或沸点时，如果继续加热该物质，短时间内温度不会发生变化，因为这一段时间内热量主要用于状态变化哦！

 在石油精炼过程中也会用到蒸馏。

问题 08 化学

在生面团中加入发酵粉，面团在受热后为什么会膨胀?

答案

问题

在生面团中加入发酵粉，面团在受热后为什么会膨胀?

因为发酵粉在受热后分解产生了二氧化碳。

解释说明

发酵粉中的**碳酸氢钠在受热后就会发生热分解反应**，生成**二氧化碳、水和碳酸钠 3 种物质**。此时产生的二氧化碳散发出去时，面团就会膨胀。

分解反应：一种物质反应生成两种或两种以上新物质的反应。

❶热分解：加热升温使化合物分解的过程。

例如 碳酸氢钠（白色）→碳酸钠（白色）＋水＋二氧化碳

氧化银（黑色）→银＋氧气

❷电解：利用电流的作用分解化合物的过程。

例如 水电解：水→氧气＋氢气（正极生成氧气，负极生成氢气。体积比为 1 ∶ 2）。

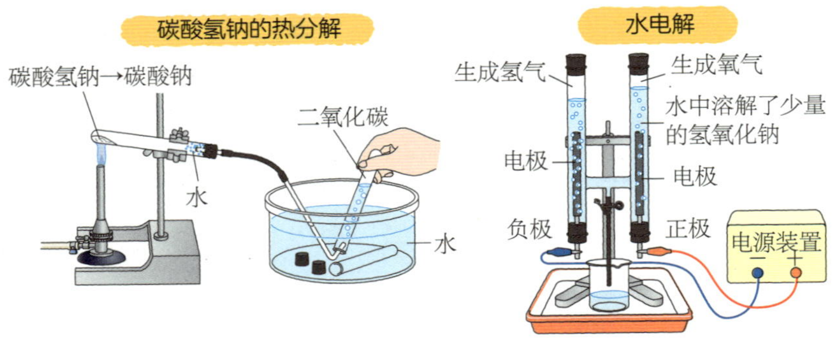

碳酸氢钠不易溶于水，呈弱碱性。
而碳酸钠易溶于水，呈强碱性。

 电解水时，会加入少量氢氧化钠，以增强水的导电性。

什么是原子？

答案

问题

什么是原子?

原子是化学反应不可再分的基本微粒。

解释说明

所有的物质都是由元素（其基本单位为原子）构成的，目前已确认的元素有 110 多种。由数个原子组合在一起，能够独立存在，并保持该物质的化学性质的最小微粒叫分子，比如氧气、氢气和水等。物质可以分为由分子构成的物质和由离子或其他微粒构成的物质。此外，具有相同核电荷数的一类原子的总称叫化学元素。

氦原子的结构

质子（带正电）

中子

原子核

电子（带负电）

原子的结构：原子由原子核和绕核运动的电子组成。

❶原子核：由带正电的质子和不带电的中子构成。（质子的质量和中子的质量大致相等）

❷电子：带负电的粒子（电子的质量相当于中子质量的 1/1840）。

原子符号：用一个或两个拉丁字母表示原子的符号。

例如 氢原子→H、碳原子→C、铁原子→Fe。

由分子构成的物质和不含分子的物质：

❶由分子构成的物质：氧气、氢气、氮气、氯气、二氧化碳、水、氨气等。

❷不含分子的物质：氯化钠、氢氧化钠、铁等。

各种元素符号

元素名	元素符号	元素名	元素符号
氢	H	钠	Na
氦	He	镁	Mg
碳	C	铝	Al
氮	N	钾	K
氧	O	钙	Ca
氯	Cl	铜	Cu
氩	Ar	银	Ag

由分子构成的物质

氧气分子 氢气 氯气 二氧化碳 水

不含分子的物质

氯化钠 氢氧化钠

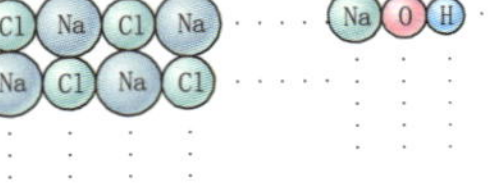

原子序数是一个原子核内质子的数量，而原子的种类由质子数决定。在原子中，质子数等于电子数！

将原子按照原子序号递增，并将其特性相近的元素归在同一族中，这样有序排列的列表叫“元素周期表”。

单质和化合物的区别是什么?

氧气、氢气、银和二氧化碳、水、氯化钠的区别是什么呢?

问题

答案 单质和化合物的区别是什么？

单质是由同种元素组成的纯净物，化合物是由两种或两种以上不同元素组成的纯净物。

解释说明

所有物质都是由原子构成的。氧气、氢气和铁等由一种元素构成的纯净物被称为单质，二氧化碳、水、氨气等由两种或两种以上元素构成的纯净物被称为化合物。

物质的分类：仅由同种化学物质构成的一类物质被称为纯净物，由两种或两种以上物质混合在而成的物质被称为混合物。纯净物又可以进一步分为单质和化合物。

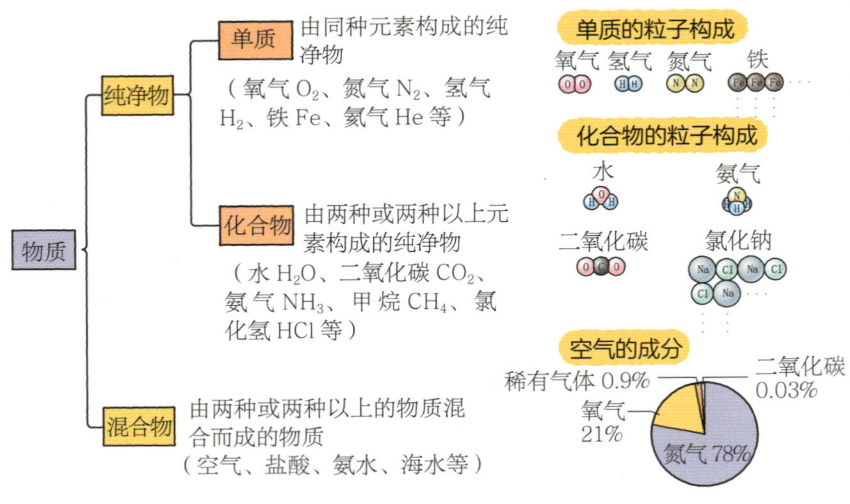

盐酸是由氯化氢溶于水后形成的溶液，因此是混合物哦！

 单质和化合物用化学式表示会更容易区分。

什么是化学方程式?

答案

什么是化学方程式？

化学方程式是指用化学式来表示物质化学反应的式子。

解释说明

化学式是指用元素符号来表示物质组成的式子。而化学方程式是指将反应物质、反应条件、生成物等用化学式表示的式子。在化学方程式中，反应前后原子的种类和数量必须相等，因此化学式前需要添加系数。

化学方程式

$2H_2 + O_2 == 2H_2O$

氢气 + 氧气 ⟶ 水

※ 化学反应前后原子的种类和数量不变。

化学反应：是指一种物质转变为另一种物质的过程。比如，A+B=C+D。

化学式：用元素符号表示物质组成的式子。

化学方程式：用化学式来表示物质化学反应的式子。反应前后原子的种类和数量必须相等。

各种物质的化学式

氧气	O_2
氢气	H_2
氯气	Cl_2
铁	Fe
铜	Cu
锌	Zn
银	Ag

氦气	He
碳	C
二氧化碳	CO_2
水	H_2O
氨气	NH_3
氯化氢	HCl
硫酸	H_2SO_4

氢氧化钠	NaOH
氧化铜（Ⅱ）	CuO
氧化镁	MgO
氧化银	Ag_2O
碳酸氢钠	$NaHCO_3$
硫化亚铁（Ⅱ）	FeS
氯化铜（Ⅱ）	$CuCl_2$

水→水蒸气的状态变化是一种物理变化，与化学反应是不一样的哦！

碳酸氢钠受热分解

$2NaHCO_3 \overset{\triangle}{=\!=} Na_2CO_3 + CO_2\uparrow + H_2O$

氧化银受热分解

$2Ag_2O \overset{\triangle}{=\!=} 4Ag + O_2\uparrow$

碳燃烧

$C + O_2 \overset{\triangle}{=\!=} CO_2\uparrow$

化学方程式用“==”表示，而非“→”。

问题 12 化学

在空气中高温加热铜，为什么铜的表面会变黑？

※ 图为日本 10 日元硬币。

问题

答案 在空气中高温加热铜，为什么铜的表面会变黑?

因为铜与空气中的氧气结合后生成了氧化铜，氧化铜是黑色的。

解释说明

物质与氧气结合的化学反应叫**氧化反应**。在空气中高温加热铜、铁和镁时会分别生成氧化铜、氧化铁和氧化镁。和氧气发生化学反应后生成的物质被称为**氧化物**。**氧化物的质量与反应前的物质质量相比，增加的只是与反应物相结合的氧气的质量**。

铜的加热实验

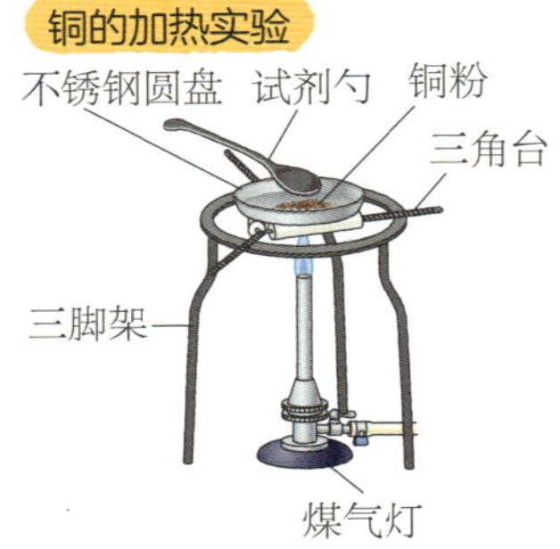

氧化：物质与氧气结合的化学反应。

氧化物：和氧气发生化学反应后生成的物质，与反应前的物质完全不同。

例如 铜（Cu）的导电性很好，表面有光泽；氧化铜（CuO）不易导电，且表面无光泽。

金属的氧化反应

铜的氧化反应

$2Cu + O_2 = 2CuO$（黑色）

4g ： 1g ： 5g

镁的氧化反应

$2Mg + O_2 = 2MgO\downarrow$

3g ： 2g ： 5g

※ 这些质量比很有用，一定要牢记哦！

碳和氢气的氧化反应

碳的氧化反应（完全燃烧）

$C + O_2 = CO_2\uparrow$

3g ： 8g ： 11g

氢气的氧化反应

$2H_2 + O_2 = 2H_2O$

1g ： 8g ： 9g

可燃物与氧气或空气结合时发生剧烈反应，并伴随着放热和发光的现象被称为“燃烧”哦！

 碳不完全燃烧时，会产生对人体有害的一氧化碳气体。

问题 13 化学

为什么旧硬币加醋后会焕然一新？

※ 图为日本 10 日元硬币。

答案

问题

为什么旧硬币加醋后会焕然一新?

因为加醋后，醋酸和旧硬币上的氧化铜发生化学反应，生成了可溶于水的醋酸铜，所以硬币又变得闪闪发亮了。

解释说明

含氧化合物里的氧被夺去氧的反应属于还原反应。旧硬币上的铜经空气中的氧气氧化后会生成氧化铜，氧化铜遇到醋后发生失去氧的反应，表面就会重新变得闪亮。在这个化学反应中，失去氧的物质被还原，得到氧的物质被氧化。氧化反应和还原反应同时发生。

氧化和还原：氧化反应和还原反应同时发生，即氧化还原反应。
还原剂：夺去氧元素的物质是还原剂。
氧化剂：失去氧元素的物质是氧化剂。

氧化铜的还原

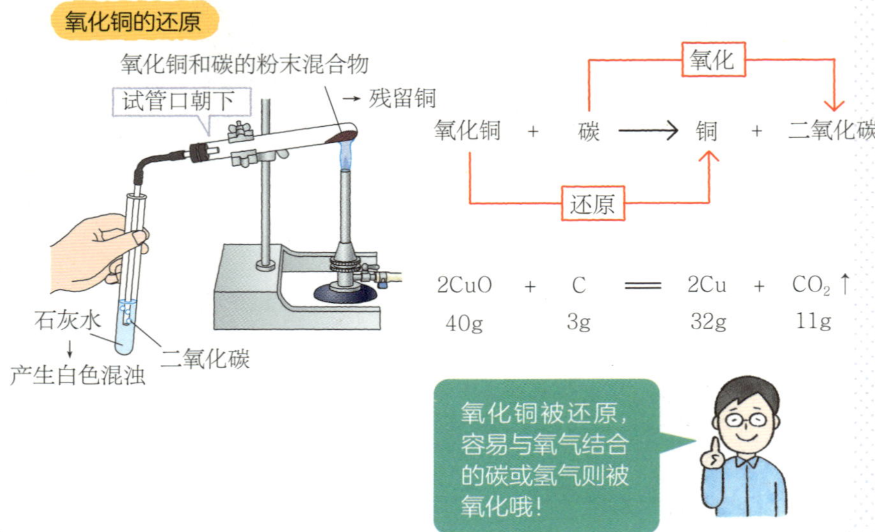

氢气与氧化铜混合加热会生成铜和水。

化学反应前后，物质的质量会发生什么变化？

答案

问题

化学反应前后，物质的质量会发生什么变化？

化学反应前后，**物质的总质量不会发生变化。**

解释说明

“化学反应前后，物质的总质量不变”这一定律被称为**质量守恒定律**。在生成气体的化学反应中，由于气体逸出，反应后剩余物质的总质量比反应前少了气体这一部分。但如果在密闭容器中发生反应，生成的气体被封闭在容器中，此时**反应前后物质的总质量保持不变**。

质量守恒定律：在任何与周围隔绝的物质系统中，不论发生何种变化或过程，其总质量保持不变。

例如 $2Cu+O_2 = 2CuO$　$2CuO+C = 2Cu+CO_2\uparrow$

$4g+1g=5g$　$40g+3g=32g+11g$

沉淀反应：

例如 硫酸 + 氢氧化钡→水 + 硫酸钡

$H_2SO_4 + Ba(OH)_2 = 2H_2O + BaSO_4\downarrow$

生成气体的反应：

例如 碳酸氢钠 + 氯化氢→氯化钠 + 水 + 二氧化碳

$NaHCO_3 + HCl = NaCl + H_2O + CO_2\uparrow$

在生成气体的反应中，“反应前的总质量 - 反应后的总质量 = 生成气体的质量”哦！

沉淀反应

硫酸 H_2SO_4

氢氧化钡水溶液 $Ba(OH)_2$

混合均匀

生成白色沉淀 $BaSO_4$

反应前后物质的总质量不变

生成气体的反应

盐酸 HCl

碳酸氢钠 $NaHCO_3$

混合均匀

打开容器的盖子，CO_2 溢出，物质的质量总和少了 CO_2 这一部分

生成 CO_2

反应前后物质的总质量不变

液态汽化为气态等变化中，反应前后物质的总质量也保持不变，但体积发生变化。

问题
15
化学

一次性暖宝宝为什么能发热呢？

你知道吗？这其实也是一种化学反应哦！

问题

答案 一次性暖宝宝为什么能发热呢?

这是因为暖宝宝中的铁粉与空气中的氧气发生化学反应，生成氧化铁时会放热。

解释说明

一次性暖宝宝中加入了铁粉、渗入食盐水的石粉和活性炭等混合物。**铁粉接触空气中的氧气后，在水、食盐的催化下会发生氧化反应，生成氧化铁并释放热量**。在化学反应中向周围释放热量的反应被称为**放热反应**。

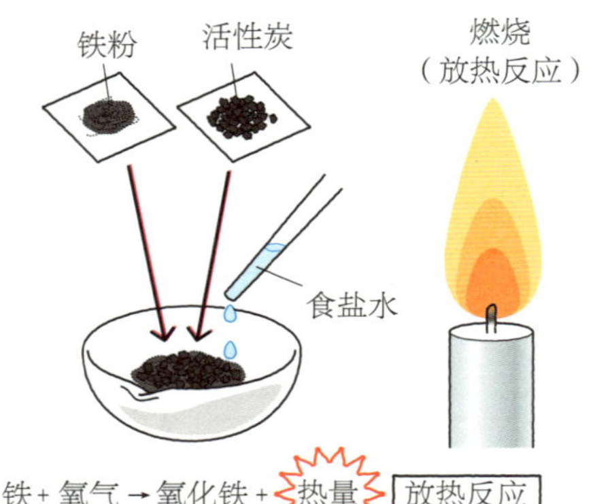

放热反应：反应物总化学能大于生成物总化学能的化学反应（周围温度会上升）。

例如 铁 + 氧气→氧化铁 + 热量

氯化氢 + 氢氧化钠→水 + 氯化钠 + 热量（中和反应）

吸热反应：在反应过程中吸收热量的化学反应（周围温度会下降）。

例如 氯化铵 + 氢氧化钡 + 热量→氯化钡 + 水 + 氨气

化学能：储存在物质当中的能量。

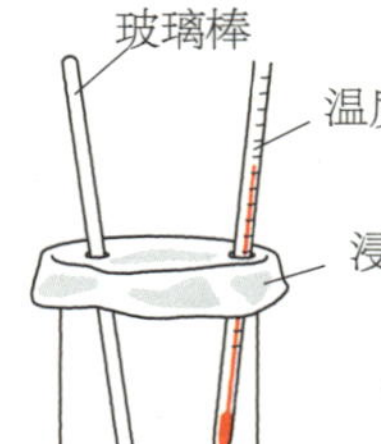

酸和碱的反应被称为中和反应，中和反应是放热反应哦!

放热反应中，反应后物质的化学能总量比反应前物质的化学能总量要小，吸热反应正相反。

物理　化学　生物　地理

核心知识点汇总

128 个中考核心知识点，都帮你整理好啦！

一起成为理科高手吧！

说明：日文原版没有该手册，此为中文简体字版的出版方原创。

物理知识点汇总

机械运动

物体位置随时间变化。

参照物

研究机械运动时，被选作标准的物体。

运动和静止的相对性

运动是绝对的，静止是相对的。

速度

路程与时间之比。

匀速直线运动

物体沿着直线且速度不变的运动。

变速直线运动

物体沿着直线且速度变化的运动。

声音的产生

声音是由物体的振动产生的，振动停止，发声也停止。

声速

声音在 15°C的空气中的传播速度为 340 m/s。

物质的三大常见状态

固态、液态和气态。

熔化

物质从固态变成液态的过程。

凝固

物质从液态变成固态的过程。

汽化

物质由液态变成气态的过程。

液化

物质由气态变成液态的过程。

沸腾

液体内部和表面同时发生的剧烈汽化现象。

蒸发

在任何温度下都能发生的汽化现象。

升华

物质从固态直接变成气态的过程。

凝华

物质从气态直接变成固态的过程。

光的直线传播

光在同种均匀介质中沿直线传播。

光的反射

光从一种介质射向另一种介质表面时，有一部分光会被介质表面反射回来的现象。

光的反射定律

在反射现象中，反射光线、入射光线和法线在同一平面内；反射光线和入射光线分别位于法线两侧；反射角等于入射角。

光的折射

光从一种介质斜射入另一种介质时，传播方向发生了偏折的现象。

质量

物体所含物质的多少。

密度

某种物质组成的物体的质量与它的体积之比。

力的三要素

力的大小、方向、作用点。

弹力

物体由于发生弹性形变而产生的力。

重力

由于地球的吸引而使物体受到的力。

牛顿第一定律

一切物体在没有受到力的作用时，总保持静止状态或匀速直线运动状态。

惯性

一切物体都有保持原来运动状态不变的性质。

摩擦力

两个相互接触的物体，当它们相对滑动时，在接触面上会产生一种阻碍相对运动的力。

压强

物体所受压力的大小与受力面积之比。

流体

具有流动性的液体和气体。

浮力

浸在液体（或气体）中的物体受到向上的力。

阿基米德定律

浸在液体中的物体受到向上的浮力，浮力的大小等于它排开的液体所受的重力。

功

如果一个力作用在物体上，物体在这个力的方向上移动了一段距离，就说这个力对物体做了功。

功率

功与做功所用时间之比。

动能

物体由于运动而具有的能。

重力势能

物体由于受到重力并在一定的高度时所具有的能。

弹性势能

物体由于发生弹性形变而具有的能。

机械能

在物理学中，动能、重力势能和弹性势能统称为机械能。

机械效率

有用功和总功的比值。

热运动

一切物质的分子都在不停地做无规则的运动。这种无规则运动叫分子的热运动。

内能

构成物体的所有分子，其热运动的动能与分子势能的总和。

热量

在热传递过程中，传递能量的多少叫热量。

比热容

一定质量的某种物质，在温度升高时吸收的热量与它的质量和升高的温度乘积之比。

能量守恒定律

能量既不会凭空消灭，也不会凭空产生，它只会从一种形式转化为其他形式，或者从一个物体转移到其他物体，而在转化和转移的过程中，能量的总量保持不变。

电子

带有最小负电荷的粒子。

电阻

导体对电流阻碍作用的大小。

欧姆定律

导体中的电流，跟导体两端的电压成正比，跟导体的电阻成反比。

电功率

电流做功的快慢。

焦耳定律

电流通过导体产生的热量跟电流的二次方成正比，跟导体的电阻成正比，跟通电时间成正比。

磁化

一些物体在磁体或电流的作用下会获得磁性，这种现象叫磁化。

电流的磁效应

通电导线周围存在与电流方向有关的磁场。

安培定则

用右手握住螺线管，让四指指向螺线管中电流的方向，则拇指所指的那端就是螺线管的 N 极。

电磁感应

由于导体在磁场中运动而产生电流的现象。

化学知识点汇总

化学反应

生成新物质的变化叫作化学变化，又叫作化学反应。

化学性质和物理性质

物质在化学变化中表现出来的性质叫作化学性质，不需要发生化学变化就表现出来的性质叫作物理性质。

混合物和纯净物

由两种或两种以上的物质混合而成的物质叫作混合物。只由一种物质组成的叫纯净物。

化合反应

由两种或两种以上物质生成另一种物质的反应。

氧化反应

物质与氧气发生的反应。

催化剂

在化学反应里能改变其他物质的化学反应速率，而本身的质量和化学性质在反应前后都没有发生变化的物质。

元素

是质子数（即核电荷数）相同的一类原子的总称。

化合物

含有不同种元素的纯净物。

氧化物

由两种元素组成的化合物中，其中一种元素是氧元素的叫氧化物。

单质

由同种元素组成的纯净物。

化学式

用元素符号和数字的组合表示物质组成的式子。

化学方程式

用化学式来表示化学反应的式子。

质量守恒定律

参加化学反应的各物质的质量总和，等于反应后生成的各物质的质量总和。

置换反应

由一种单质与一种化合物反应，生成另一种单质和另一种化合物的反应。

溶液

一种或几种物质分散到另一种物质里，形成均一的、稳定的混合物。

溶剂和溶质

能溶解其他物质的物质叫溶剂，被溶解的物质叫溶质。

饱和溶液

在一定温度下，向一定量溶剂里加入某种溶质，当溶质不能继续溶解时，所得到的溶液叫这种溶质的饱和溶液。

溶质的质量分数

溶液中溶质的质量分数是溶质质量与溶液质量之比。

中和反应

酸与碱作用生成盐和水的反应。

复分解反应

由两种化合物互相交换成分，生成另外两种化合物的反应。

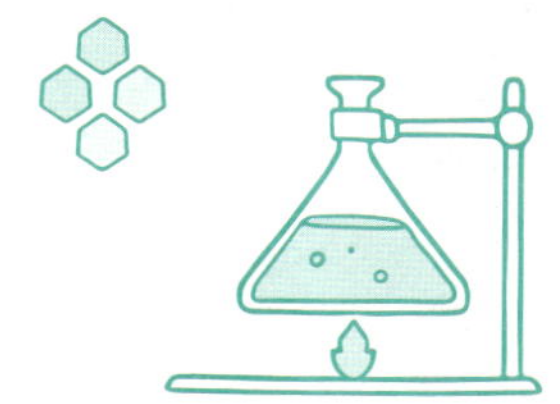

生物 知识点汇总

生态系统

在一定的空间范围内，生物与环境所形成的统一整体。

食物链

在生态系统中，不同生物之间由于吃与被吃的关系而形成的链状结构。

植物细胞的基本结构

细胞壁、细胞膜、细胞核、细胞质、液泡、线粒体和叶绿体。

动物体（人体）的结构层次

细胞→组织→器官→系统→动物体（人体）。

植物体的结构层次

细胞→组织→器官→植物体。

传粉

花粉从花药中散发而落到雌蕊柱头上的过程。传粉类型有自花传粉、异花传粉、人工辅助授粉。

受精

胚珠里的卵细胞与来自花粉管中的精子结合，形成受精卵的过程。

植物的蒸腾作用

水分从活的植物体表面以水蒸气状态散失到大气中的过程。

光合作用

绿色植物通过叶绿体，利用光能，把二氧化碳和水转化成储存能量的有机物（如淀粉），并且释放出氧气的过程。

消化系统的组成

消化系统由消化道和消化腺组成。

食物的消化

食物在消化道内分解成可以被细胞吸收的物质的过程。

呼吸运动

由肋骨间的肌肉收缩和舒张引起的人体胸廓有节律地扩大和缩小，包括呼气和吸气两个过程。

血液的组成

血液由血浆和血细胞（包括红细胞、白细胞和血小板）组成。

动脉

把血液从心脏送到身体各部分去的血管。

静脉

将血液从身体各部分送回心脏的血管。

毛细血管

连通于最小的动脉与静脉之间的血管。

体循环的途径

左心室→主动脉→全身各级动脉→全身各处毛细血管网→全身各级静脉→上、下腔静脉→右心房。

肺循环的途径

右心室→肺动脉→肺部毛细血管网→肺静脉→左心房

神经元

神经元又叫神经细胞，是神经系统结构和功能的基本单位。包括细胞体（由细胞膜、细胞质和细胞核组成）和突起（分为树突与轴突）两部分。

反射

人体通过神经系统，对外界或内部的各种刺激所产生的有规律的反应。如膝跳反射、眨眼反射等。

反射弧的组成

感受器、传入神经、神经中枢、传出神经、效应器。

神经冲动的传导途径

感受器→传入神经→神经中枢→传出神经→效应器。

无脊椎动物

包括原生动物、腔肠动物、扁形动物、线形动物、环节动物、软体动物、节肢动物等。

两栖动物

幼体生活在水中，用腮呼吸；成体大多生活在陆地上，也可在水中游泳，用肺呼吸，皮肤可辅助呼吸。

运动系统的组成

哺乳动物的运动系统由骨、关节和肌肉组成。

细菌的生殖方式

细菌进行分裂生殖，由一个细菌分裂为两个细菌。

真菌的生殖方式

大部分真菌依靠孢子生殖，酵母菌可以通过出芽生殖的方式进行繁殖。

病毒

病毒不能独立存活，只能寄生在其他生物的活细胞内。根据其寄生的细胞不同，可分为三类：动物病毒、植物病毒和细菌病毒（噬菌体）。

有性生殖

由两性生殖细胞结合形成受精卵，再由受精卵发育成新个体的生殖方式。

无性生殖

不经过两性生殖细胞的结合，由母体直接产生新个体的生殖方式。

染色体

细胞核内容易被碱性染料染成深色的物质。染色体主要由 DNA 和蛋白质组成。

DNA

主要的遗传物质，携带大量的遗传信息，主要存在于细胞核中。

基因

具有遗传效应的 DNA 片段。基因控制生物的性状。

传染病

由病原体（如细菌、病毒、寄生虫等）引起的、能在人与人之间或人与动物之间传播的疾病。

人体的三道防线

第一道防线：皮肤和黏膜；第二道防线：体液中的杀菌物质和吞噬细胞；第三道防线：免疫器官（如胸腺、淋巴结和脾）和免疫细胞（如淋巴细胞，白细胞的一种）。

健康

指一种身体上、心理上和社会适应方面的良好状态，而不仅仅是没有疾病或者不虚弱。

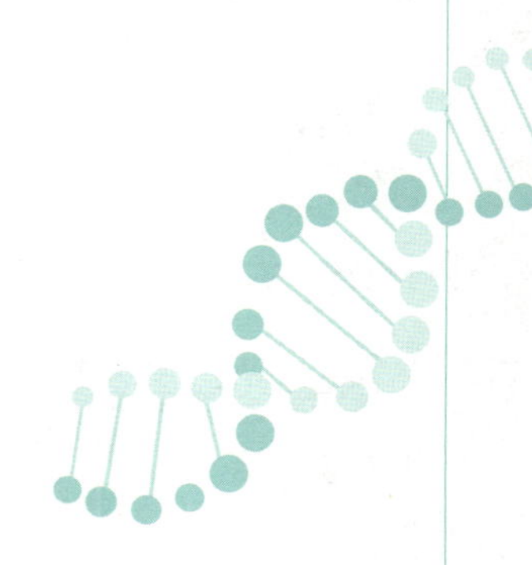

地理 知识点汇总

地球的形状

地球是一个两级稍扁、赤道略鼓的不规则球体。

东西半球的划分

从 20° W 向东到 160° E 为东半球，从 20° W 向西到 160° E 为西半球。

地球的自转

地球绕着地轴的旋转运动。自转方向为自西向东，周期为一天（约 24 小时）。

地球的公转

地球在自转的同时，还围绕太阳不停地公转。公转方向为自西向东（与自转方向一致），周期为一年（约 365 天）。

地球五带

热带、北温带、南温带、北寒带、南寒带。

等高线

在地图上，把海拔相同的各点连接成线，就是等高线。坡陡的地方，等高线密集；坡缓的地方，等高线稀疏。

海拔

地面某个点高于海平面的垂直距离。

相对高度

某个地点高出另一个地点的垂直距离。

七大洲（面积由大到小）

亚洲、非洲、北美洲、南美洲、南极洲、欧洲、大洋洲。

四大洋（面积由大到小）

太平洋、大西洋、印度洋、北冰洋。

六大板块

亚欧板块、非洲板块、印度洋板块、太平洋板块、美洲板块、南极洲板块。

陆地上的五种地形

山地、高原、丘陵、平原和盆地。

海底地形

从海岸到大洋中部，海底地形大致可分为大陆架、大陆坡、海沟、洋盆和洋中脊等主要类型。

天气

指一个地区短时间里的大气状况。常用阴晴、风雨、冷热等描述天气。

风向

指风的来向，即风吹来的方向。风向有东、南、西、北、东南、西南、东北、西北共八个基本方向。

风力

风强弱的级别共分18级，级数越大，风力越强。

等温线

根据气温观测记录，在地图上把气温相同的点依次连接成线，就是等温线。

降水

从大气中降落的雨、雪、冰雹等，统称为降水。降雨和降雪是降水的主要形式。

陪伴女性终身成长

问题 16 化学

什么是离子？

答案

问题

什么是离子？

离子是带正电或负电的原子或原子团※。

※几个原子集合在一起形成的原子基团。

解释说明

原子是由带正电的质子构成的原子核及围绕原子核运动的带负电的电子构成。当原子失去电子后，会变成带正电的阳离子；而当原子得到电子后，会变成带负电的阴离子。

阳离子：原子失去电子后，就带有正电荷，变成阳离子。

例如 氢离子 H^{+}、钾离子 K^{+}、钠离子 Na^{+}、钙离子 Ca^{2+}、镁离子 Mg^{2+}、铝离子 Al^{3+}

阴离子：原子得到电子后，就带有负电荷，变成阴离子。

例如 氯化物离子 Cl^{-}、氧化物离子 O^{2-}、硫化物离子 S^{2-}

多原子离子：几个原子集合在一起，整体带电。

例如 氢氧根离子 OH^{-}、硫酸根离子 SO_4^{2-}、硝酸根离子 NO_3^{-}、碳酸根离子 CO_3^{2-}、醋酸根离子 CH_3COO^{-}、铵根离子 NH_4^{+}

离子化合物：金属与非金属形成的化合物是由阳离子和阴离子相互吸引产生的。

例如 $Na^{+}+Cl^{-} = NaCl$（氯化钠）、$Mg^{2+}+2Cl^{-} = MgCl_2$（氯化镁）

单原子离子

阳离子	
H → H^{+}+ ⊖	氢离子
Na → Na^{+}+ ⊖	钠离子
Mg → Mg^{2+}+ 2⊖	镁离子
K → K^{+}+ ⊖	钾离子
Ca → Ca^{2+}+ 2⊖	钙离子

阴离子	
Cl+ ⊖ → Cl^{-}	氯化物离子
O+2⊖ → O^{2-}	氧化物离子
S+2⊖ → S^{2-}	硫化物离子

多原子离子

OH^{-}	氢氧化物离子
NO_3^{-}	硝酸根离子
CH_3COO^{-}	醋酸根离子
SO_4^{2-}	硫酸根离子
CO_3^{2-}	碳酸根离子
NH_4^{+}	铵根离子

金属原子变成离子时，一定会是阳离子哦！

带正电的阳离子和带负电的阴离子相结合时，正电荷和负电荷会相互抵消。

问题 17 化学

给水通电后会怎么样？

答案

问题

给水通电后会怎么样?

水在通电后，正极和负极会按1∶2的体积比，分别生成氧气和氢气。

解释说明

水不易导电，在做这个实验时要加入少量氢氧化钠。通电后，正极（阳极）会生成氧气，而负极（阴极）会生成氢气。也就是说，**水可以分解为氧气和氢气**。物质在通电后发生的分解反应被称为**电解反应**。

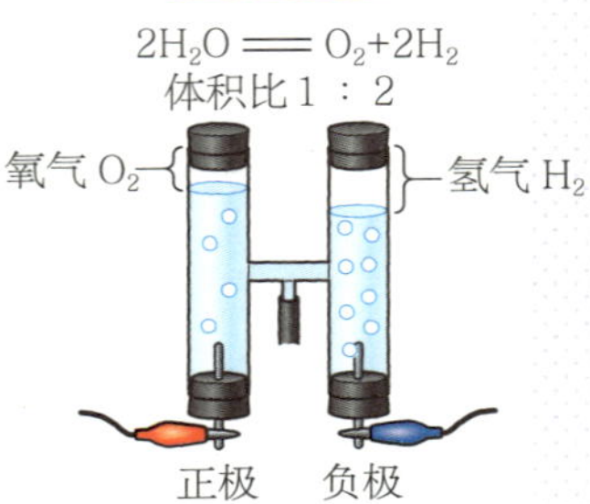

电解质：溶于水溶液中可以导电的化合物。

例如 氯化钠 NaCl、氯化铜 $CuCl_2$、氢氧化钠 NaOH、氯化氢 HCl 等

电离：在水溶液中分解为带相反电荷并自由移动离子的一种过程。

例如 $NaCl=Na^++Cl^-$、$NaOH=Na^++OH^-$

非电解质：溶于水溶液后不能导电的化合物。

例如 砂糖、乙醇、淀粉、葡萄糖、蒸馏水等

电解：通电后发生的分解反应。

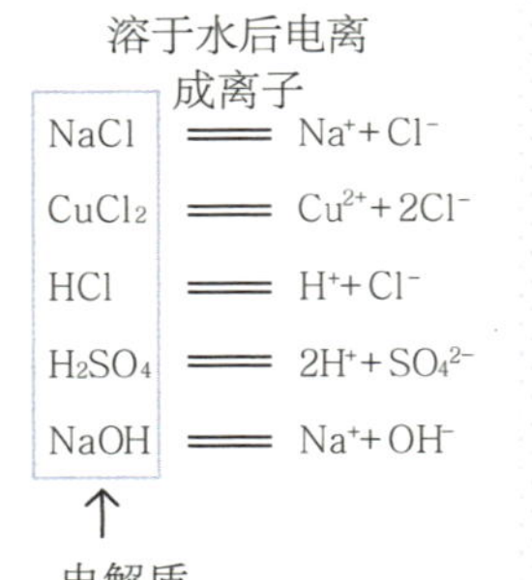

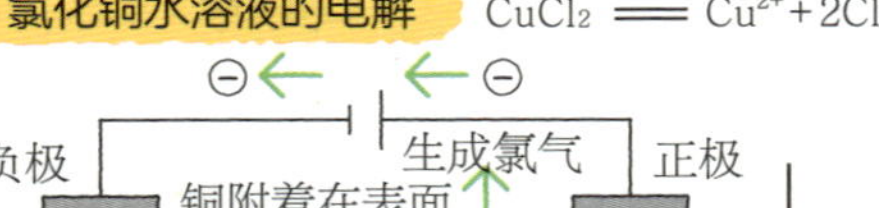

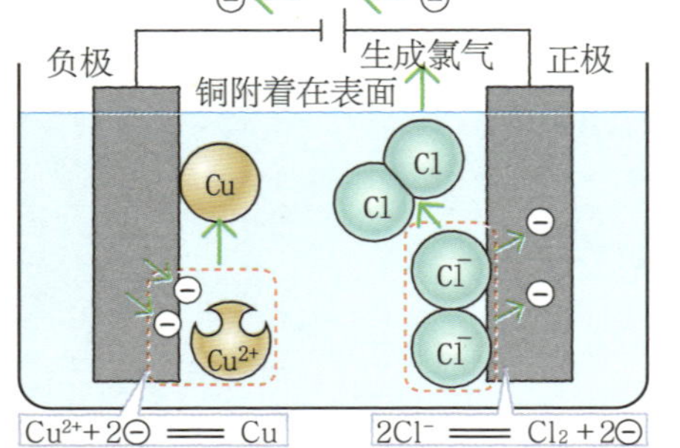

在负极，阳离子会得到电子；在正极，阴离子会释放电子。

 在正极，阴离子释放的电子会通过导线移动到负极一侧。

问题 18 化学

哪些金属容易变为离子？

答案

问题

哪些金属容易变为离子?

容易变为阳离子的金属顺序依次为：钾(K)、钙(Ca)、钠(Na)、镁(Mg)、铝(Al)、锌(Zn)。

解释说明

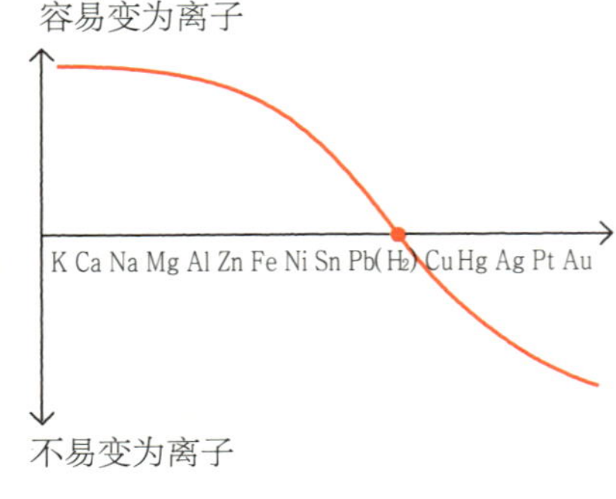

金属变为离子时，一定会变为阳离子。生成阳离子的难易度因金属特性而异，这被称为**金属活动性**。比如，锌（Zn）比铜（Cu）的金属活动性强，在硫酸铜水溶液中放入锌板，锌会变为锌离子并溶于水溶液中。同时会有铜析出。

金属活动性：金属单质在水溶液中失去电子生成金属阳离子的倾向。

在硫酸铜水溶液中放入锌棒

$CuSO_4 + Zn = ZnSO_4 + Cu$

在硝酸银水溶液中放入铜棒

$2AgNO_3 + Cu = Cu(NO_3)_2 + 2Ag$

在硫酸铜水溶液中放入银棒

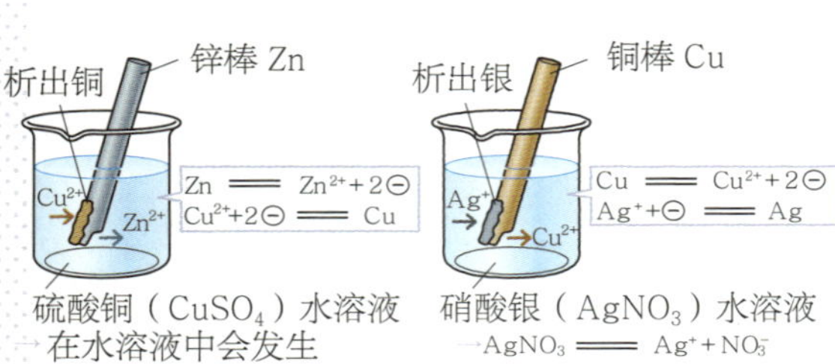

在水溶液中会发生以下电离反应：

$CuSO_4 = Cu^{2+} + SO_4^{2-}$

$AgNO_3 = Ag^+ + NO_3^-$

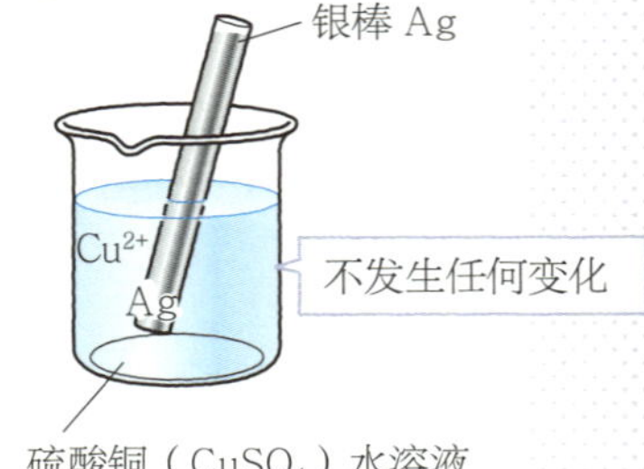

银（Ag）没有铜（Cu）的金属活动性强，因此不发生任何变化。

含有 Cu^{2+} 的溶液呈蓝色。

问题 19 化学

电池是如何产生电的？

答案

问题

电池是如何产生电的?

以两种金属活动性不同的金属为电极，并将它们浸入电解质溶液中。其中，金属互动性强的一端为负极，另一端为正极。

解释说明

比如，将锌（Zn）和铜（Cu）两种金属活动性不同的金属浸入盐酸电解质溶液中。锌作为负极会释放自身电子，变成离子（Zn^{2+}）溶于溶液中。而铜作为正极，溶液中的氢离子会得到电子而生成氢气。像这样电子循环运动，就产生了电。

伏打电池：正极：铜（Cu）｜电解液：稀硫酸｜负极：锌（Zn）。

锌铜电池：正极：铜（Cu）｜电解液：硫酸铜水溶液、硫酸锌水溶液｜负极：锌（Zn）。

一次电池：不能充电的一次性电池。如干电池和纽扣电池等。

二次电池：可以充电的电池。如锂电池、镍镉电池和铅蓄电池等。

伏打电池

负极

生成氢气

正极

锌离子溶于溶液

锌板

稀硫酸

铜板

$Zn = Zn^{2+} + 2⊖$

$2H^{+} + 2⊖ = H_2$

$H_2SO_4 = 2H^{+} + SO_4^{2-}$

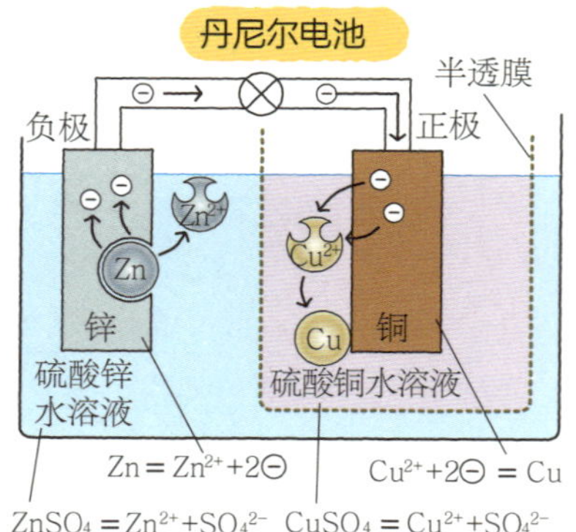

伏打电池在负极生成氢气，在正极生成铜离子沉积，因此电压会逐渐下降。

燃料电池是利用氢气和氧气燃烧产生电能的。

问题 20 化学

酸性溶液和碱性溶液有什么区别呢?

答案

问题

酸性溶液和碱性溶液有什么区别呢?

酸性溶液能使蓝色石蕊试纸变红，能使溴麝香草酚蓝溶液（BTB 溶液）变黄。而碱性溶液能使红色石蕊试纸变蓝，能使 BTB 溶液变蓝。

解释说明

按照溶液的酸碱度，溶液分为**酸性溶液、中性溶液和碱性溶液 3 种**。大多酸性溶液呈**酸味，比如柠檬汁**，而大多碱性溶液有**滑腻感**※。溶液的酸碱度可以用石蕊试纸和 BTB 指示剂等来测定。

※ 有些物质不能品尝或触摸。

酸性、中性和碱性溶液

溶于水的各种物质的状态	酸性	中性	碱性
固体	硼酸 硫酸铝钾	氯化钠 砂糖 淀粉 葡萄糖	氢氧化钠 苏打 肥皂 石灰
液体	醋酸 硫酸 硝酸	乙醇 蒸馏水	×
气体	二氧化碳 氯化氢	×	氨气

溶液的酸碱度：分为酸性、中性和碱性 3 种。

❶酸性溶液：盐酸 HCl、硫酸 H_2SO_4、醋酸 CH_3COOH、碳酸水 H_2CO_3、柠檬汁等。

❷中性溶液：盐水 $NaCl$、砂糖水、乙醇水溶液等。

❸碱性溶液：氢氧化钠溶液 $NaOH$、石灰水 $Ca(OH)_2$、氨水 $NH_3 \cdot H_2O$ 等。

指示剂：BTB 溶液、石蕊试纸等（蓝色、红色）、酚酞液等。

指示剂和颜色变化

	酸性	中性	碱性
蓝色石蕊试纸	红	不变	不变
红色石蕊试纸	不变	不变	蓝
BTB 溶液	黄	绿	蓝
酚酞溶液	无	无	红

※ 向 BTB 溶液中吹气，直到溶液变为绿色后备用。

紫甘蓝的汁液也可以作为指示剂。

问题 21 化学

“pH xx”中的数值表示什么?

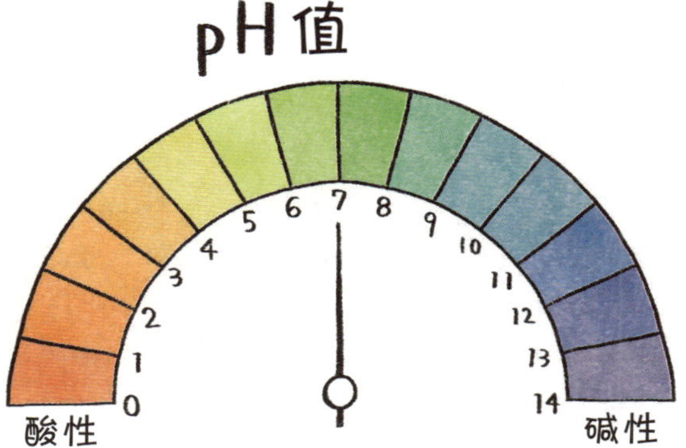

答案

问题

"pH xx"中的数值表示什么？

pH 值表示溶液的酸碱度。

解释说明

pH 值是表示水溶液酸碱度的指标，它的数值通常在 0~14。**酸性溶液的 pH 值小于 7，碱性溶液的 pH 值大于 7，中性溶液的 pH 值等于 7**。

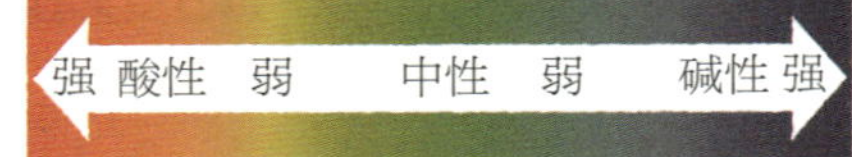

pH 0 1 2 3 4 5 6 7 8 9 10 11 12 13 14

盐酸 硫酸	醋酸 碳酸水	蒸馏水 淀粉糊	氨水 苏打水	氢氧化钠 溶液

pH 值是表示溶液中氢离子的浓度。

pH：用 0~14 的数值表示溶液酸碱度。当 pH 值小于 7 时，数值越小酸性越强；当 pH 值大于 7 时，数值越大碱性越强；中性水溶液的 pH 值等于 7。

酸性溶液：在水溶液中氢离子浓度大于氢氧根离子浓度的溶液，导致溶液的 pH 值小于 7。

碱性溶液：在水溶液中氢氧根离子浓度大于氢离子浓度的溶液，导致溶液的 pH 值大于 7。

酸性溶液中物质的电离 **碱性溶液中物质的电离**

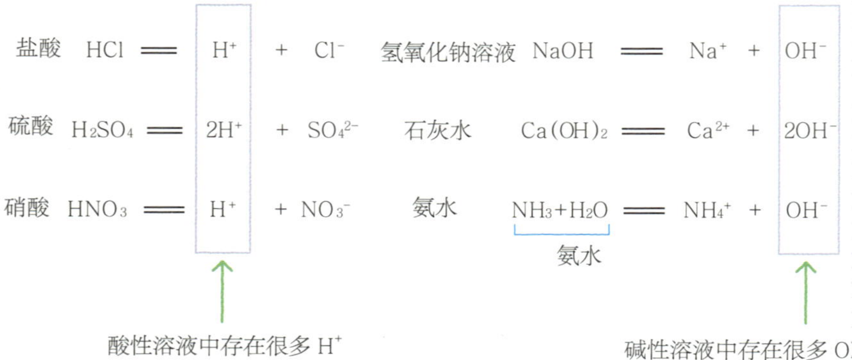

 氨水的电离方程式为 $NH_3+H_2O = NH_4^{+}+OH^{-}$，因此氨水呈碱性。

问题 22 化学

酸和碱之间会发生什么反应呢？

上图中有盐酸（HCl）和氢氧化钠（NaOH）两种物质。它们混合在一起会发生什么反应呢？

问题

答案 酸和碱之间会发生什么反应呢？

酸和碱之间会发生中和反应，并释放热量。

解释说明

将少量酸性溶液和碱性溶液混合在一起，**酸中的氢离子（H^+）和碱中的氢氧化物离子（OH^-）的量相等，从而水溶液变为中性**。这种反应被称为**中和反应**，中和反应除生成水外，还会生成盐类。

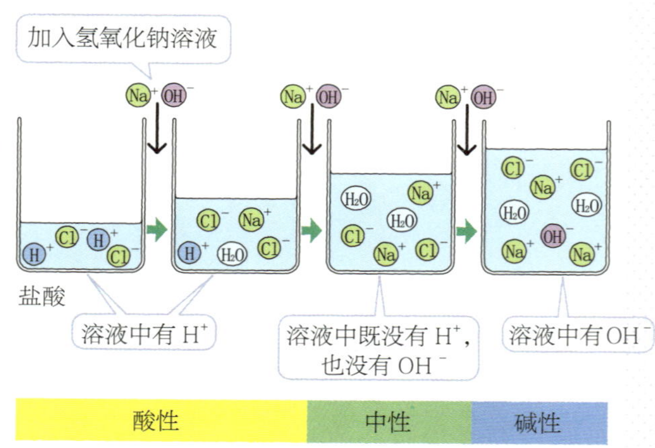

中和反应：酸和碱的反应。酸 + 碱→水 + 盐类。

完全中和反应：酸产生的氢离子和碱产生的氢氧化物离子的量相等。（$H^+ + OH^- = H_2O$）

中和反应和放热反应：中和反应属于放热反应。

盐酸 $HCl = H^+ + Cl^-$

氢氧化钠 $NaOH = Na^+ + OH^-$

氯化钠

$HCl + NaOH = H_2O + NaCl$

水 + 盐类

硫酸 $H_2SO_4 = 2H^+ + SO_4^{2-}$

氢氧化钡 $Ba(OH)_2 = Ba^{2+} + 2OH^-$

硫酸钡（沉淀）

$H_2SO_4 + Ba(OH)_2 = 2H_2O + BaSO_4\downarrow$

水 + 盐类

中和反应生成的盐类由酸中的阳离子和碱中的阴离子构成。

水溶液中的 H^+ 会使石蕊试纸变红，而 OH^- 会使石蕊试纸变蓝。

问题 23 化学

吃胃药能治疗胃胀，这是为什么？

你知道胃药有什么特性吗？

答案

问题

吃胃药能治疗胃胀，这是为什么？

因为胃药的主要成分能够和胃酸发生中和反应。

解释说明

饮食过量时胃会分泌大量胃酸，从而导致胃胀。吃胃药后，胃药的主要成分能够和胃酸发生**中和反应**，从而缓解胃胀。

盐类：**酸与碱发生中和反应后生成的物质**。分为氯化钠等在溶液中以离子形式存在的物质，以及碳酸钙、硫酸钡等阳离子和阴离子结合在一起后析出沉淀的物质。

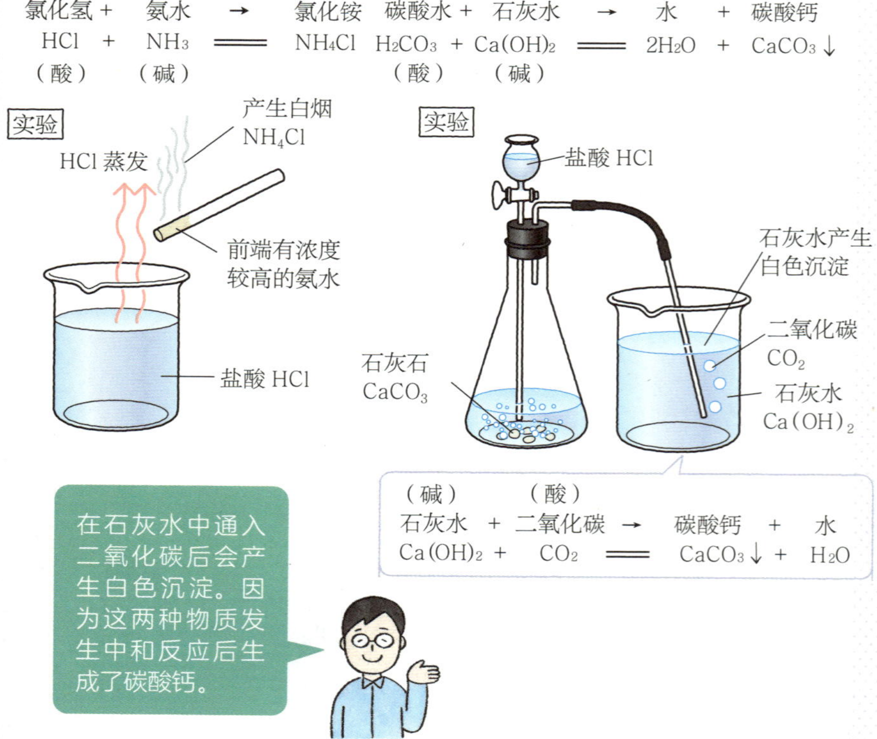

中和反应生成的 $CaCO_3$、$BaSO_4$ 等盐类难溶于水。

问题 01 地理

用作墓碑石材等的花岗岩表面的颗粒是如何形成的?

问题

答案 用作墓碑石材等的花岗岩表面的颗粒是如何形成的?

岩浆冷却后，所含的物质会不断结晶，形成矿物。

解释说明

岩浆喷出地表或侵入地壳冷却后形成的岩石被称为岩浆岩。岩浆岩分为在地表附近迅速冷却形成的火山岩，以及在地下深处缓慢冷却而形成的深成岩。形成岩浆岩的矿物分为无色矿物和有色矿物，矿物的种类和成分比例不同，岩浆岩的形态也会有所不同。

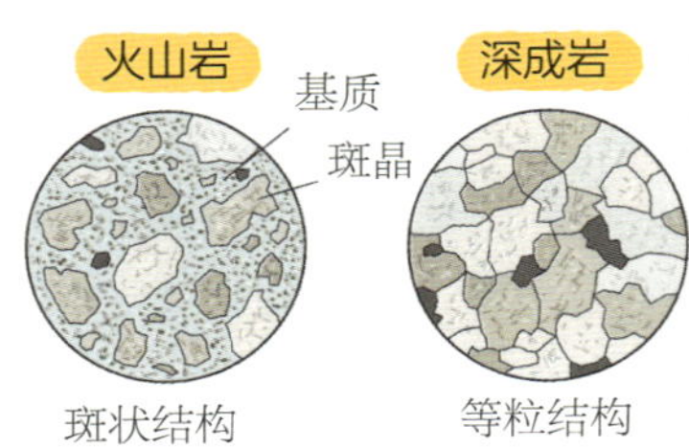

岩浆岩：岩浆冷却后形成的岩石，根据冷却方式分为深成岩和火山岩。

❶深成岩：形成岩石的矿物颗粒细密均匀（等粒结构）。从白色矿物开始依次为花岗岩、闪长岩和辉长岩。

❷火山岩：形成岩石的矿物大小不一，由基质和斑晶构成（斑状结构）。从白色矿物开始依次为流纹岩、安山岩、玄武岩。

深成岩	花岗岩	闪长岩	辉长岩
火山岩	流纹岩	安山岩	玄武岩
整体颜色	白色 ←	中间色	→ 黑色

造岩矿物的成分比例（%）
100
50
0
石英石
长石
橄榄石
辉石
角闪石
黑云母
无色矿物 有色矿物

矿物（造岩矿物）：构成岩浆岩的岩浆冷却后形成的结晶，分为无色矿物和有色矿物。

❶无色矿物：透明而坚硬的石英石及沿特定方向容易裂开的白色的长石。

❷有色矿物：黑云母（黑色）、角闪石（绿色）、辉石（暗绿色）、橄榄石（浅绿色）等。

有色矿物的比例越大的岩浆岩，岩石的颜色越黑哦！

岩浆岩种类的记忆方法：深花闪辉火流安玄。

问题 02 地理

冲积扇和三角洲是如何形成的?

答案

问题

冲积扇和三角洲是如何形成的？

河流具有搬运作用，能够携带大量泥沙。河流在出山口处或河口附近流速变慢，这些泥沙便渐渐堆积起来，形成冲积扇或三角洲。

解释说明

河流上游携带的泥沙中根据颗粒大小可以分为**砾石**（粒径 2 ~ 64mm）、**砂**（粒径 0.0625mm ~ 2mm）、**泥**（粒径小于 0.0039mm 以下）。河流在出山口处流速变慢，**堆积物以砾石和砂为主，形成冲积扇**。而在河口附近的**堆积物以泥为主，形成三角洲**。

流水的 3 大作用：剥蚀泥沙（**侵蚀作用**）、携带泥沙（**搬运作用**）和沉积泥沙（**堆积作用**）。

❶ 侵蚀作用、搬运作用：河水流速较快的地段以这两种作用为主。

❷ 堆积作用：河水流速较快的地段以堆积作用为主。

由河流作用形成的其他地貌：

❶ V 形河谷：河流上游可见的深谷。由侵蚀作用形成。

❷ 河流阶地、海岸阶地：河流反复侵蚀和隆起（土地拱出的现象）后形成的阶梯状的丘陵。

V 形河谷

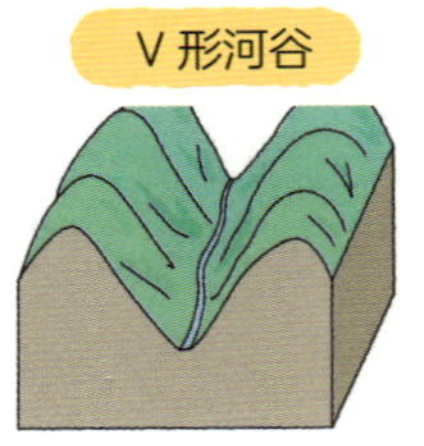

河流阶地

海岸阶地

 冲积扇的主要成分为砾石和砂，排水能力较好，容易形成地下水。

问题 03 地理

河流中的泥沙流入大海后去哪儿了？

问题

答案 河流中的泥沙流入大海后去哪儿了？

泥沙会反复在海底堆积，并逐渐被压实固结，形成沉积岩。

解释说明

一部分泥沙在河流上游经侵蚀作用和搬运作用后会最终流入大海。这些泥沙按照**与河口的远近关系，分层为砾石、砂和泥**，并堆积在海底。这一过程不断重复，**经过漫长的岁月后堆积的泥沙会逐渐被压实固结，形成沉积岩**。

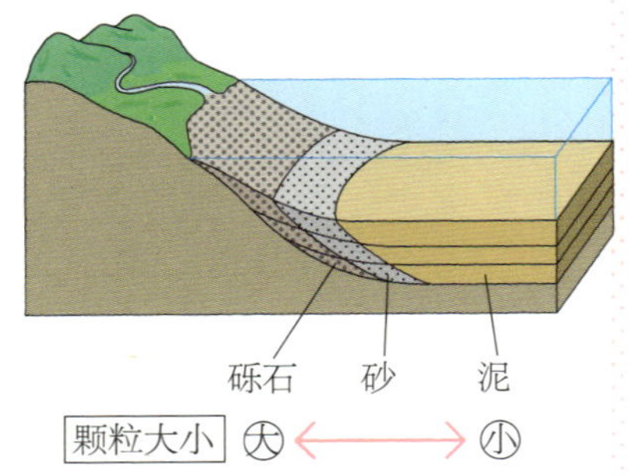

沉积岩：砾石、砂、泥、生物的遗骸、火山灰等物质被压实固结后形成的岩石。

1. 沉积岩根据颗粒大小分类：砾岩、砂岩、泥质岩。
2. 生物的遗骸压实固结后形成的沉积岩分类：石灰岩（珊瑚的遗骸）、硅质岩（硅藻的遗骸）、煤炭（主要是由古代蕨类植物和其他植物遗骸形成）。
3. 凝灰岩：火山灰压实固结后形成的沉积岩，上有小孔。

砾岩　砂岩　泥质岩　石灰岩　凝灰岩

化石

上有小孔

构成砾岩、砂岩和泥质岩的颗粒在流水作用下呈圆形！

石灰岩和盐酸反应后会生成二氧化碳。硅质岩可用作打火石。

问题 04 | 地理

地层是如何形成的呢？

答案

问题

地层是如何形成的呢?

海底不同种类的泥沙经过漫长复杂的地质作用堆积起来，就会形成地层。这些地层隆起后便露出地面。

解释说明

河流携带的泥沙（砾石、砂、泥）在海底堆积，历经土地的隆起或下沉后，不同种类的泥沙便会在上层堆积。这一过程反复发生后层状结构隆起并露出地面，形成的这种条纹状的结构便是地层。

发生隆起时，上层堆积的泥沙的颗粒要比下层的颗粒更大。

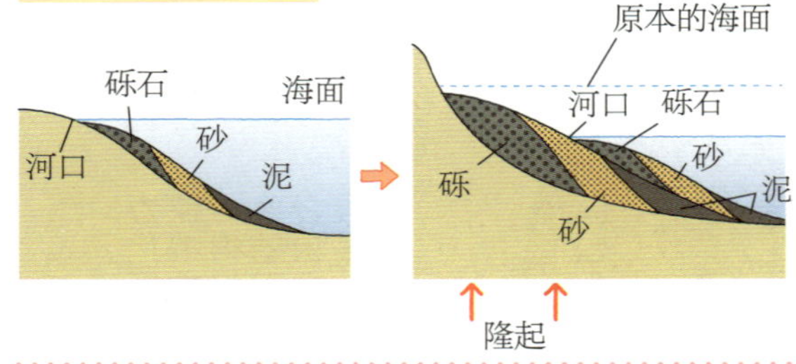

地面隆起和地面下沉：地面隆起是指地面局部地区相对于其周围平地高出一定高度的现象。地面下沉，又称为地面沉降或地陷，是指地表层在相当大范围内发生地面水平面降低的现象。

断层：地层受到来自水平方向的剧烈的外力而发生断裂的部分。

❶正断层：地层受到来自水平方向的剧烈的拉张力而产生的断层。

❷逆断层：地层受到来自水平方向的剧烈的挤压力而产生的断层。

褶皱：地层受到来自水平方向的缓慢的挤压力时发生弯曲的部分。

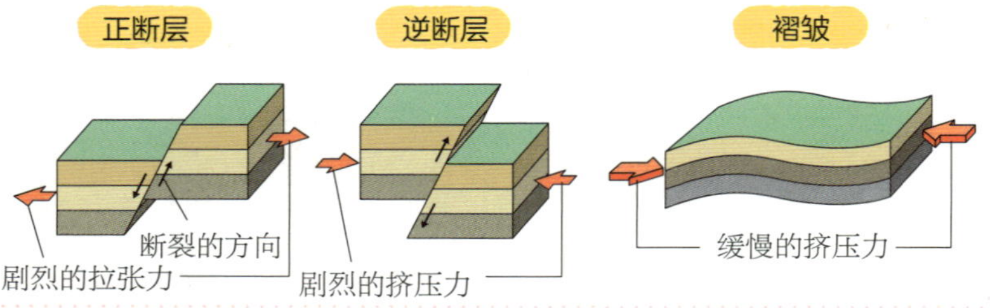

 除了地面隆起和地面下沉，海平面的上升或下降也能形成地层。

问题

05

地理

看到恐龙化石或菊石化石，我们能知道哪些信息呢？

问题

答案 看到恐龙化石或菊石化石，我们能知道哪些信息呢？

我们可以得知，含有这些化石的岩石是在中生代形成的。

解释说明

化石是生物的遗骸被掩埋在沉积物中而形成的岩石。化石分为有助于确定地层**地质年代**的**标准化石**，以及能够指示生物生活时生存环境条件的**指相化石**。

地质年代中的显生宙包括**古生代**（约 5.4 亿年～约 2.5 亿年前）、**中生代**（约 2.5 亿年前～约 6600 万年前）和**新生代**（约 6600 万年前至今）。

标准化石：在某一特定时期分布很广的生物的化石。

1 生活在古生代的生物：三叶虫、纺锤虫等。

2 生活在中生代的生物：恐龙、菊石等。

3 生活在新生代的生物：猛犸象、巨齿鲨等。

古生代	中生代	新生代
三叶虫 纺锤虫	恐龙 菊石	猛犸象

人类还曾意外发现腔棘鱼等一直被认定已经灭绝的物种哦！

指相化石：在很长一段时期内，一直生活在特定环境中的生物的化石。

1 珊瑚：温暖的浅海。

2 虾夷扇贝：水温较低的海洋。

3 淡水蛤蜊：淡水或半海水（盐分较低的水）。

4 蛤蜊、文蛤：浅海。

5 树叶：森林或湖泊。

珊瑚　虾夷扇贝

菊石生活在中生代，三叶虫生活在古生代。记忆方法：菊中三古。

问题 06 | 地理

地震烈度和地震震级有什么区别？

问题

答案 地震烈度和地震震级有什么区别？

地震烈度是指地震影响和破坏的程度，而地震震级是指地震释放的能量大小。

解释说明

世界各国使用的是不同的烈度表。中国采用的是12度表，从Ⅰ度到Ⅻ度。而震级是指震源释放的**能量大小**，**震级相差2.0级，能量相差1000倍**（震级相差1.0级，能量相差32倍）。

烈度

Ⅰ、Ⅱ、Ⅲ、Ⅳ、Ⅴ、Ⅵ、Ⅶ、Ⅷ、Ⅸ、Ⅹ、Ⅺ、Ⅻ

震级

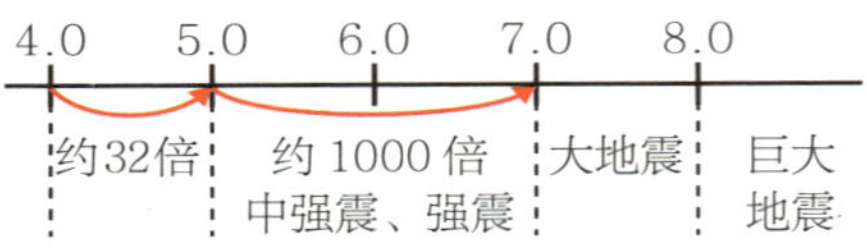

地震震级高并不代表烈度也强。这一点一定要注意哦！

震源：地球内部岩层破裂引起地震的地方。

震中：震源在地表的投影点。一般指地震刚发生时首先受到地震波冲击的地表附近。

震源距离：观察点离震源的距离。

震中距：观察点离震中的距离。

烈度等级：地震时某一地区的地面和各类建筑物遭受到一次地震影响的强弱程度。分为12个等级。

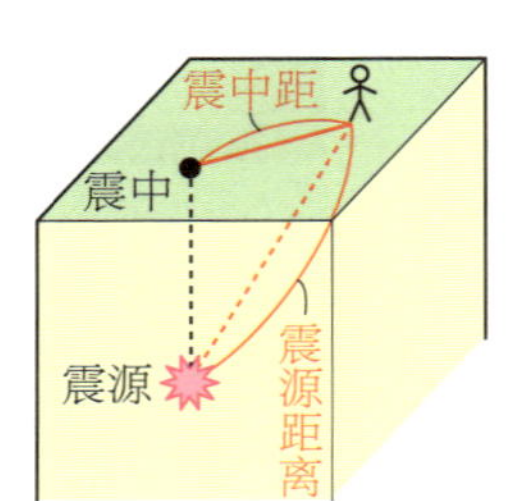

例如 烈度等级

烈度Ⅰ度（1度）：人无感，只有仪器能监测到。

烈度Ⅴ度（5度）：室外少数人有感觉，室内多数人受惊，少量门窗震动或轻微损坏，悬挂物体摆动显著，液体轻微晃动。

 震中到震源的垂直距离是震源距离中最短的。

问题 07 地理

什么是地震预警？

答案

问题

什么是地震预警?

利用地震波传播速度的差异，在破坏性地震波到达之前发出警报，以减少人员伤亡和财产损失。

解释说明

发生地震时，会产生速度较快但晃动较和缓的 P 波和速度较慢但晃动剧烈的 S 波这两种地震波。地震监测站首先检测到 P 波，基于 P 波传播数据估算 S 波到达的时间，并向可能受到影响的地区发出预警。

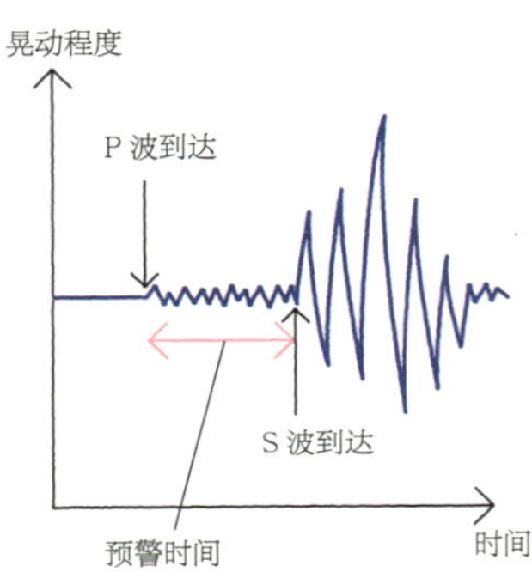

P 波：地震纵波，振动方向与传播方向一致的波。纵波引起地面上下颠簸振动。

S 波：地震横波，振动方向与传播方向垂直的波。横波能引起地面的水平晃动（左右摇摆）。

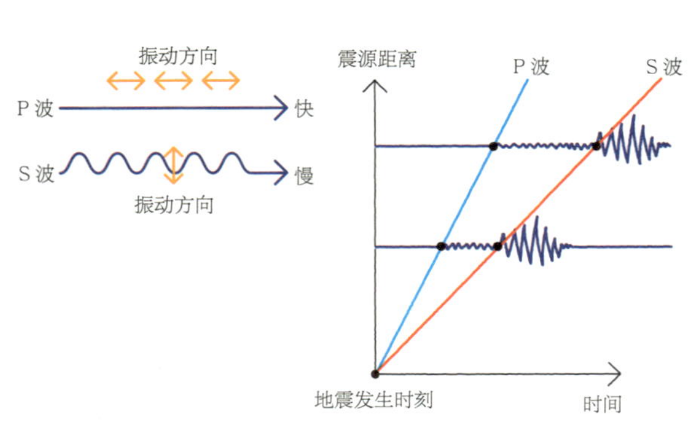

P 波波速约为 8 千米 / 秒，S 波波速约为 4 千米 / 秒（具体数值会因地震大小而出现小幅度波动）。

 纵波先到达地面，横波是造成破坏的主要原因。

问题 08 地理

为什么日本经常发生地震呢？

答案

问题

为什么日本经常发生地震呢？

因为日本列岛位于板块交界处，即形成大陆的大陆板块和形成大海的大洋板块的边界。

解释说明

日本列岛位于大陆板块——北美板块与欧亚板块，和大洋板块——菲律宾海板块与太平洋板块这 4 个板块的边界。大洋板块会俯冲到大陆板块之下，在两个板块的边界会形成很多震源。

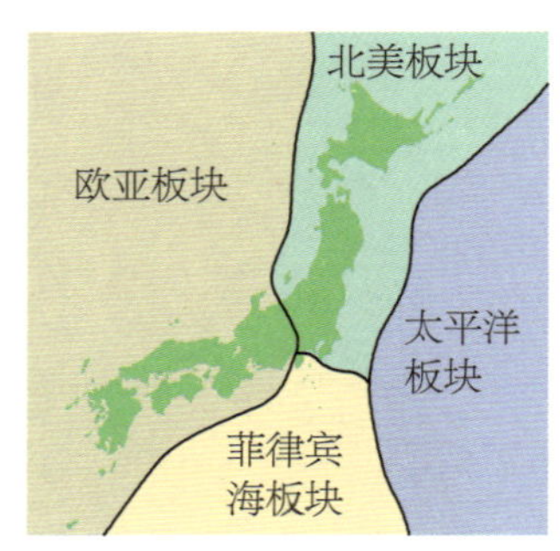

海沟：在大陆板块和大洋板块的边界形成的很深的沟槽。
海岭：海底分裂产生新地壳的地带，是板块生长扩张的边界。
板缘地震：发生在板块边界上的地震，环太平洋地震带上绝大多数地震属于此类。
直下型地震：大陆内部的震源位置所在地发生的地震。震源一般比较浅。

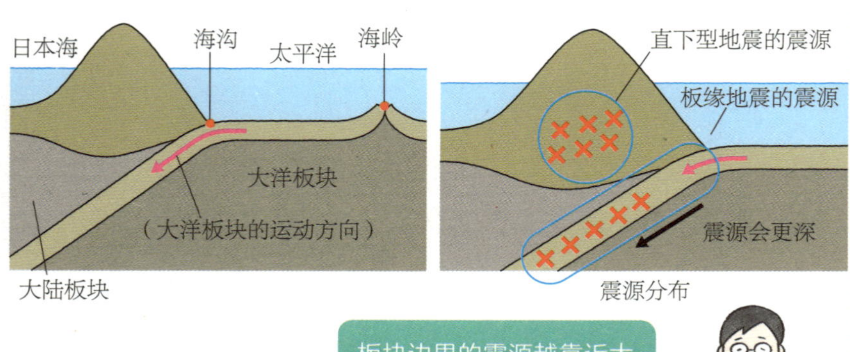

 地震会引发海啸、砂土液化等灾害。

问题 09 地理

为什么在潮湿的天气里衣服很难晾干呢?

答案

问题

为什么在潮湿的天气里衣服很难晾干呢？

因为潮湿的天气里，空气的湿度大，只能容纳很少的水蒸气，因此衣服中的水分不易被蒸发。

解释说明

每立方米空气中所能够容纳的水蒸气的最大含量被称为**饱和水蒸气含量**（单位为 g/m³）**气温越高，饱和水蒸气含量越大**。**相对湿度**是指在某一温度下，以饱和水蒸气量为 100% 时，每立方米空气中实际包含的水蒸气量占饱和水蒸气量的百分比，用%表示。在该温度下，湿度越高，空气中能够继续容纳的水蒸气量就越少（当湿度达到 100% 时，空气无法再容纳更多的水蒸气）。

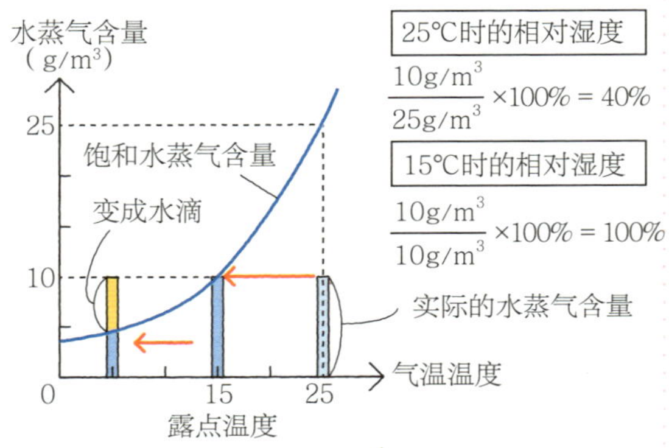

相对湿度公式：

$$\text{湿度（\%）}=\frac{\text{一定温度下 }1m^3\text{ 空气中水蒸气的含量}(g/m^3)}{\text{该温度下的饱和水蒸气含量}(g/m^3)}\times100\%$$

干湿球湿度计：测量湿度的装置。通过读取干球温度和湿球温度的数值，然后对照湿度表算出湿度。干球温度≥湿球温度。

露点温度：空气中的水蒸气变为露珠时的温度。

干湿球湿度计

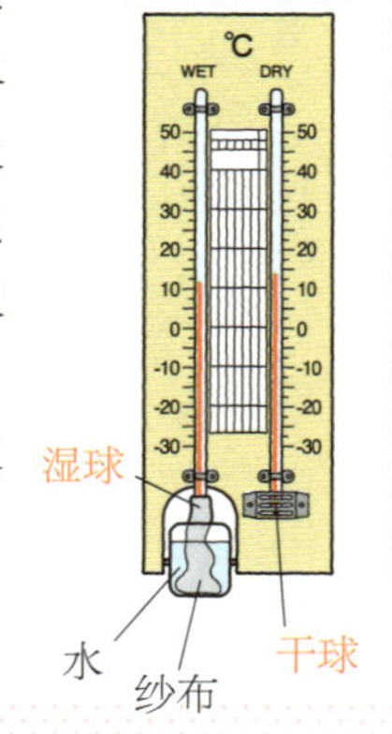

湿度表

干球的示数	干球与湿球的示数差 0.0	0.5	1.0	1.5	2.0	2.5	3.0
19	100						
18	100	95	90	85	80	75	71
17	100	95	90	85	80	75	70
16	100	95	89	84	79	74	69
15	100	95	89	84	78	73	68
14	100						

气温 16℃，湿度 79%

干球温度与湿球温度的温度差越大，湿度越低！

 露点时的相对湿度为 100%。

问题 10 地理

云是如何形成的？

答案

问题

云是如何形成的?

含有水蒸气的空气随着上升气流往上升。随着气温不断下降，达到露点时，水蒸气就会变成水滴或冰晶，这些物质聚拢在一起便形成了云。

解释说明

上升气流（往上升的空气气流）是形成云的必要因素之一。空气上升时气压会下降，而温度也会下降。当气温达到露点时，水蒸气就会变成水滴；气温继续下降时，就会变成冰晶。这些物质形成了云，在上升气流的支撑下，漂浮在上空。

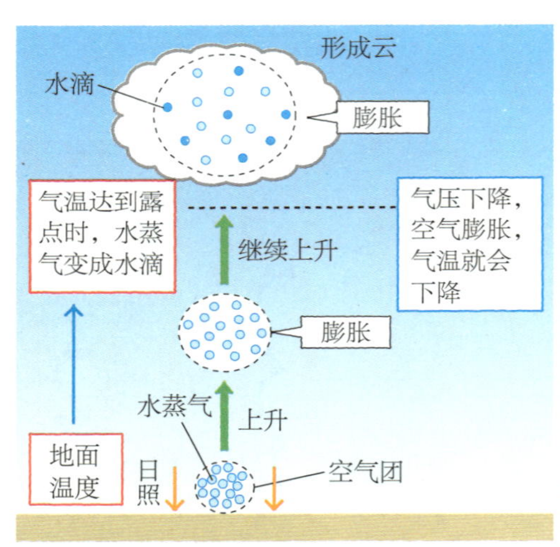

容易产生上升气流的地点包括山附近、低气压附近，以及锋面附近。

云的分类：根据外形特征可以分为 10 种基本类型。下面举例 3 种最常见的。

❶积雨云（雷暴云）：云体庞大，顶部冻结，在小范围内带来强烈的降水。

❷雨层云：水平分布范围广，常常遮蔽全部天空，并在大范围内带来连续性雨雪。

❸卷云：由冰晶组成，呈缕状，预示晴朗天气。

降水：云中的水分以液态或固态的形式降落到地面的现象，它包括雨、雪、雨夹雪、霜、冰雹等降水形式。

 上空的水滴会包裹空气中的灰尘等物质聚拢在一起。

问题 11 地理

为什么在海拔较高的地方薯片袋会膨胀？

山间小卖部里售卖的桶面也会膨胀得很厉害哦！

答案

问题

为什么在海拔较高的地方薯片袋会膨胀?

因为海拔较高的地方气压较低，袋中的气压不变，袋内的空气就会膨胀。

解释说明

物体的每个面都会受到大气的垂直压力。这就是气压，单位是百帕（hPa）。我们把地球表面的平均气压定为一个标准大气压（约1013 hPa）。海拔越高，气压越低，周围的空气对物体的压力越小。

压强（p）：每 $1m^2$ 所受的压力（N），1hPa=100Pa。

压力的公式：

压强（p）= 界面所受作用力（N）÷ 界面的面积（m^2）

气压和水压：气压是大气压强的简称，是作用在单位面积上的大气压力。水压是指水的重量在重力作用下对单位面积所施加的压力。海拔越高，气压越小。而水越深，水压越大。

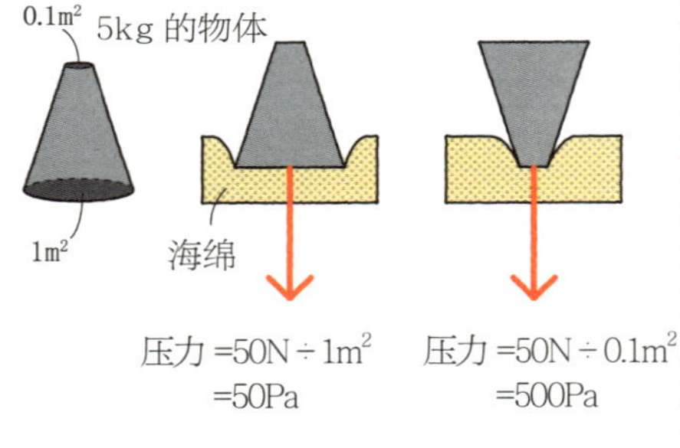

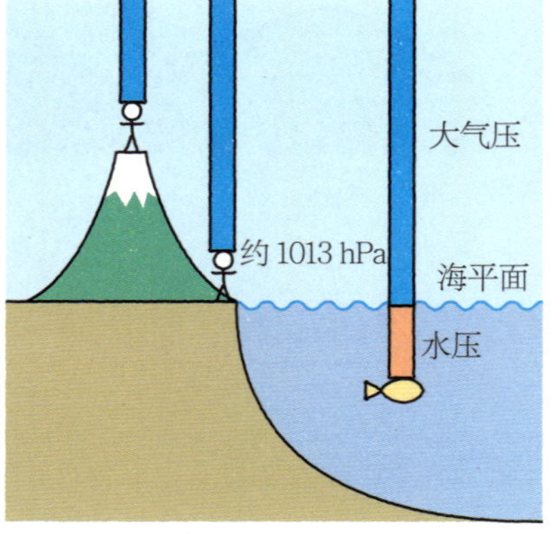

水中的物体不只受到水的压力，也受到大气压的作用哦！

 在水深 10 米的位置，物体所受的水压约等于 1 个标准大气压。

问题 12 地理

为什么白天的海风是从大海吹向陆地的呢？

答案

为什么白天的海风是从大海吹向陆地的呢？

白天陆地的温度比海洋高。因此，海洋一侧是高气压，而陆地一侧是低气压，于是风从大海吹向陆地。

解释说明

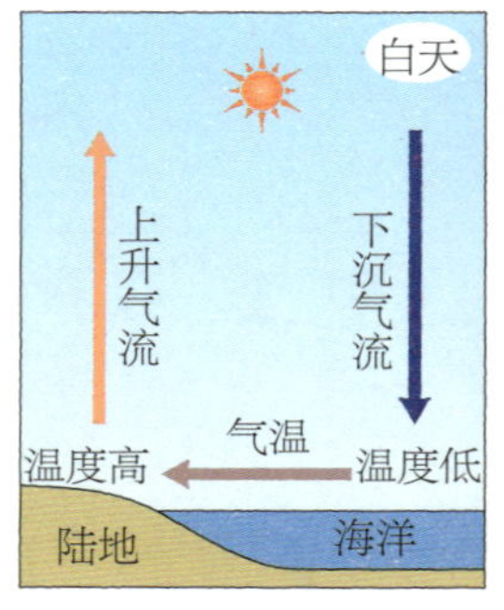

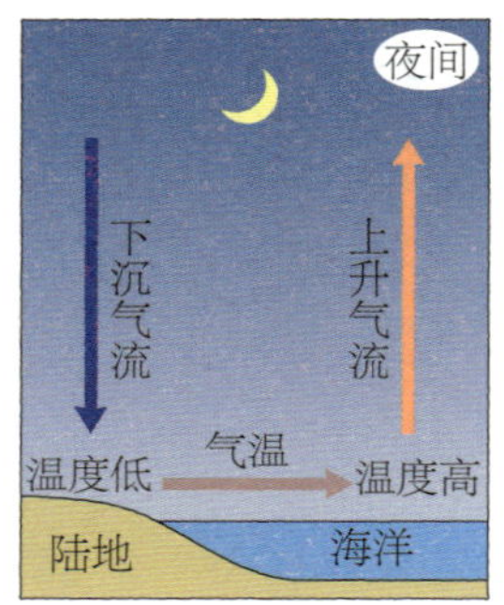

白天陆地的温度比海洋高，而夜间海洋的温度比陆地高。**温度高的地方比温度低的地方气压更容易降低；相反，温度低的地方比温度高的地方气压更容易升高。风一般从高气压一侧吹向低气压一侧**，因此白天风会从大海吹向陆地。相反，夜间风会从陆地吹向大海。

陆地由固体物质构成，容易吸热，也容易散热哦！

海陆风：白天从海洋吹向陆地的风叫海风，夜间从大陆吹向海洋的风叫陆风。

季风：与海陆风形成的原因相同，夏季一般是微弱的东南方向的季风，而冬季一般是强劲的西北方向的季风。

高气压：比周围气压高的地方，会产生下沉气流，从上往下看，风朝顺时针方向吹。

低气压：比周围气压低的地方，会产生上升气流，从上往下看，风朝逆时针方向吹。

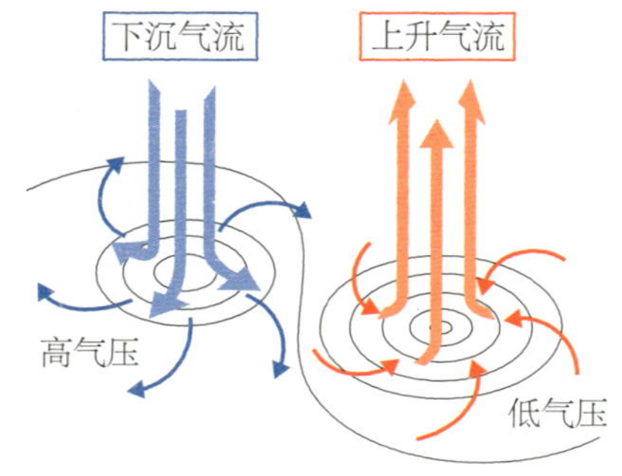

 将一定时间内气压相等的几个点连起来所形成的封闭线，就是等压线。

问题 13 地理

为什么会有昼夜之分呢？

问题

答案 为什么会有昼夜之分呢?

因为地球以地轴为中心由西往东(从北极点上看呈逆时针旋转)自转,每天约转动 360°。

解释说明

地球以连接北极点和南极点的**地轴**为轴线,**由西往东每天约自转 360°**。因此,地球就会分出受到太阳光照射的时间段(昼)和没有受到太阳光照射的时间段(夜)。由于地球自转的作用,**在观测者眼中太阳由东往西每天约运动 360°**。而在观测者眼中,月亮和星星在同样的作用下,由东往西每天约运动 360°。

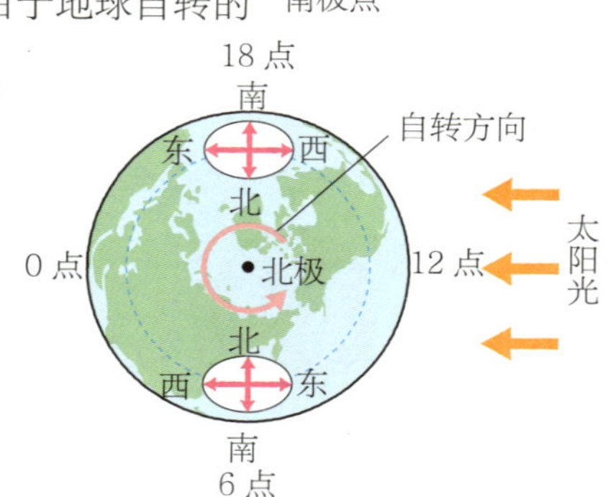

地球的自转:地球绕着地轴的旋转运动叫地球的**自转**。地球自转一周的时间是一天。

昼半球:被太阳照亮的半个地球处于白昼,被称为**昼半球**。

夜半球:未被太阳照亮的半个地球处于黑夜,被称为**夜半球**。

在南半球,太阳从东边升起,经过北边天空,然后落到西方。而在北极圈,夏天会有一段时间太阳整日不落(极昼)哦!

 昼夜更替与地球的自转有关,四季更迭则与地球的公转有关。

问题 14 | 地理

为什么我们在夜空中看到的星座每个季节都会有变化呢？

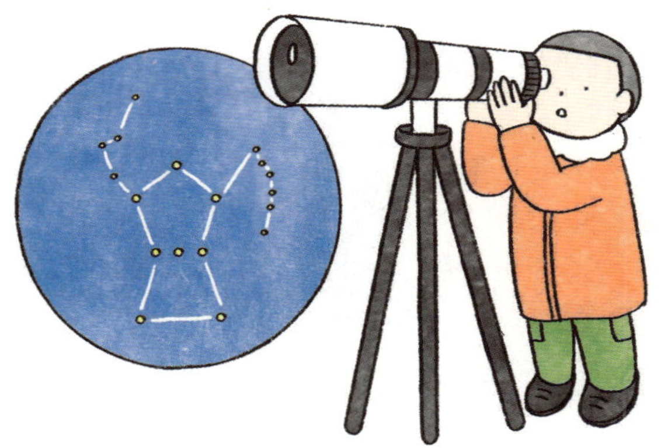

答案

问题

为什么我们在夜空中看到的星座每个季节都会有变化呢?

因为地球围绕太阳自西向东公转（从北极点上看呈逆时针旋转），公转的周期是一年。

解释说明

地球围绕太阳自西向东公转，公转的周期是一年。地球公转导致地球的位置会因季节而发生改变，因此夜空中我们能看到的星座看上去也有所变化。

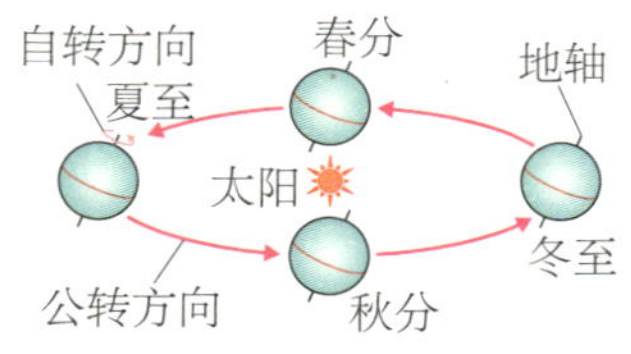

而白昼时长因季节而发生改变，则是因为地球公转时，地轴与公转轨道平面约呈 66.5° 的倾角。

地球的公转：地球在自转的同时，还要绕着太阳不停地公转。地球公转的方向是自西向东，公转的周期是一年。

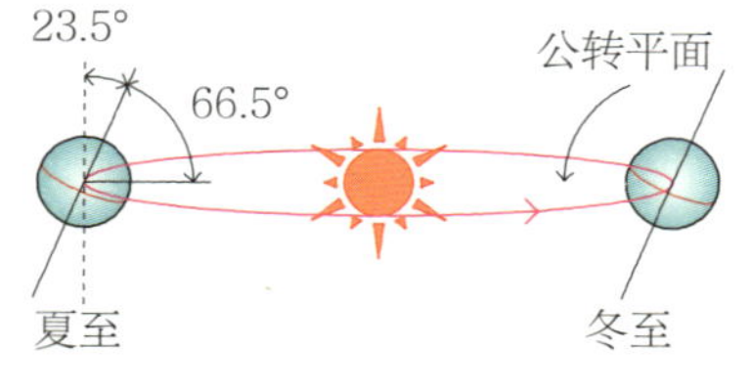

黄道十二星座：由于地球公转，太阳看上去像是在星座间移动。太阳的这一路径被称为黄道，而黄道中的十二星座被称为黄道十二星座。

太阳 1 年间的运动变化的原因：地球公转时，地轴与公转轨道平面呈 66.5° 的倾角。白昼时长因季节而发生改变，也是这个原因。

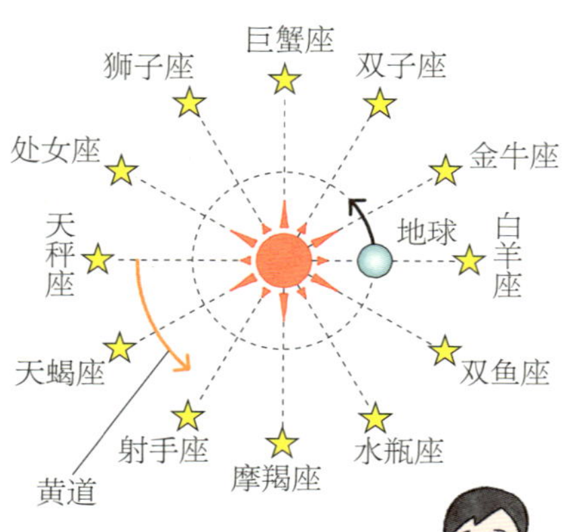

从春分到秋分，越往北昼越长，而从秋分到春分，越往南昼越长哦!

 北极点一侧的地轴倾向太阳的方向时为夏至日。

问题 15 地理

从月球表面看地球是什么样子的？又是怎样运动的呢？

从月亮上看地球时……

答案

问题

从月球表面看地球是什么样子的？又是怎样运动的呢？

从月球表面看地球时，地球也和月球一样会有圆缺的变化，但看上去地球是静止不动的。

解释说明

月球是环绕地球公转的一颗卫星，月球围绕地球公转一周所需天数（约 27.3 天）与月球自转一周所需天数（约 27.3 天）大致相同。因此，月球永远以相同的一面对着地球。从月球表面看地球时，地球仿佛是静止不动的；而地球受到太阳光照射的部分经常发生改变，因此会出现圆缺。

公转
月球
地球
自转

月球的公转周期是指月球围绕地球公转一周所需时间，而自转周期是指月球围绕自身旋转一周所需时间。

关于月球：

1. 与地球的距离：约 384400km。
2. 几乎没有水和气层。
3. 直径：约为地球的四分之一（约 3476km）。
4. 重力：约为地球的六分之一。
5. 公转周期、自转周期：均约为 27.3 天。
6. 环形山：陨石撞击月球时形成的凹坑。
7. 月海：月球表面比较低洼的平原，颜色比较暗（相对明亮的区域为月陆）。

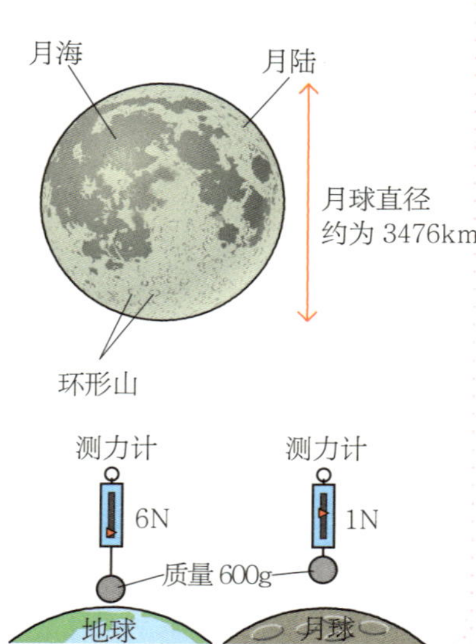

火星、木星和土星也有围绕它们公转的卫星，就像月球围绕地球公转一样。

问题 16 地理

为什么月亮每天升起的时间会有所不同呢？

答案

问题

为什么月亮每天升起的时间会有所不同呢？

因为月亮围绕地球公转，所以同一地点同一时刻观察到的月亮的角度会有所不同。

解释说明

从北极点上看，月亮绕地球逆时针公转。月亮的公转周期为 27.3 天，**从地球上同一地点同一时刻观察到的月亮的角度会发生周期性的变化**。从出现新月到下一次出现新月约需要 29.5 天（约等于 30 天）。

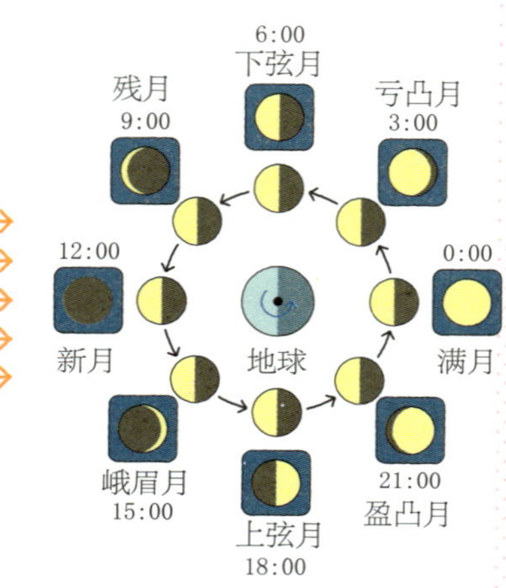

月相：从地球上看到的月球的各种圆缺形态叫月相。

月相变化的周期：月相变化的周期为 29.5 天，约等于 30 天。

日食和月食：**日食一定发生在新月，而月食一定发生在满月**。但并不是说新月或满月时，就一定会发生日食或月食。

上弦月 1 天的运动

18:00
15:00
21:00
12:00
0:00
东 南 西

日食：太阳 月亮 地球

月食：太阳 地球 月亮

从新月到满月约 15 天，从满月到下一次满月约 30 天哦！

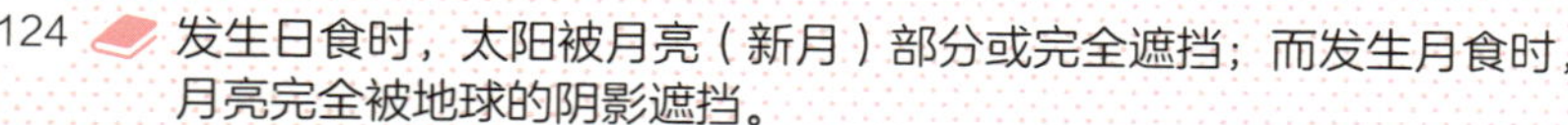
发生日食时，太阳被月亮（新月）部分或完全遮挡；而发生月食时，月亮完全被地球的阴影遮挡。

为什么我们在晚上看不到金星呢？

答案

问题

为什么我们在晚上看不到金星呢?

金星是一颗内行星，在地球内侧的轨道上围绕太阳公转。

解释说明

金星和地球等围绕太阳公转的天体被称为**太阳系行星**。**金星在地球内侧的轨道上围绕太阳公转（内行星）**。从地球上看，深夜时金星与太阳位于同一个方向（在地球背面），因此观测不到金星。

太阳
金星 火星
水星 地球
木星
土星
海王星
天王星
内行星
外行星

内行星和外行星

①内行星：在地球内侧的轨道上公转的行星。比如水星和金星。

②外行星：在地球外侧的轨道上公转的行星。比如火星、木星、土星、天王星和海王星。

金星的“圆缺”：金星是内行星，圆缺变化很明显。

①启明星：黎明时分在东方天空看到金星。

②长庚星：黄昏时分在西方天空看到金星。

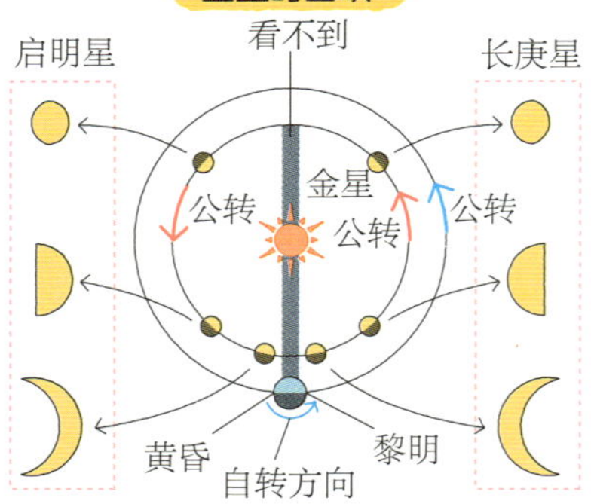

水星、金星、地球和火星等行星被称为“类地形星”，密度较大。木星、土星、天王星和海王星等行星被称为“类木行星”（由气体组成），密度较小。

 太阳系中最大的行星是木星，而金星和地球几乎一样大。

问题 18 地理

为什么火星看上去呈红色呢？

答案

问题

为什么火星看上去呈红色呢?

因为火星表面大部分被红色的土壤和岩石所覆盖。

解释说明

火星表面被富含氧化铁的红色土壤所覆盖。火星的直径约为地球直径的一半，大气非常稀薄，气温总体较低，年平均气温约为 -60℃，且随纬度、昼夜和季节变化显著。火星是一颗在地球外侧轨道上公转的外行星，因此在地球上深夜也可以观测到火星。

在地球上观测到的火星：火星是一颗外行星，虽不像金星一样有明显的圆缺变化，但在地球上深夜还是可以观测到火星的。

火星的公转周期：地球的公转周期约为 365 天，而火星的公转周期为 687 天，比地球长得多。

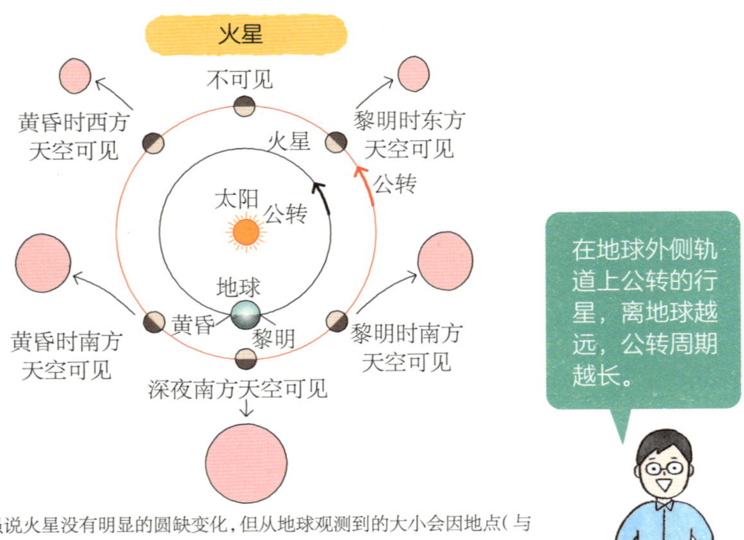

※ 虽说火星没有明显的圆缺变化，但从地球观测到的大小会因地点（与地球的距离）而出现明显的不同。

在地球外侧轨道上公转的行星，离地球越远，公转周期越长。

 火星上大气的主要成分为二氧化碳。

问题 01 生物

为什么油菜花有花瓣，玉米的花却没有花瓣呢？

答案

为什么油菜花有花瓣，玉米的花却没有花瓣呢?

因为油菜花是虫媒花，而玉米花是风媒花。

解释说明

植物开花是为了结果。为了结出果实，一定要将雄蕊的花粉授粉在雌蕊的柱头上。而授粉时昆虫或风负责传播花粉。油菜花和向日葵等**有花瓣的花一般由昆虫授粉**，而玉米花等**没有花瓣的花一般靠风**来传播花粉※。（※ 有时也由鸟类或水来传播花粉。）

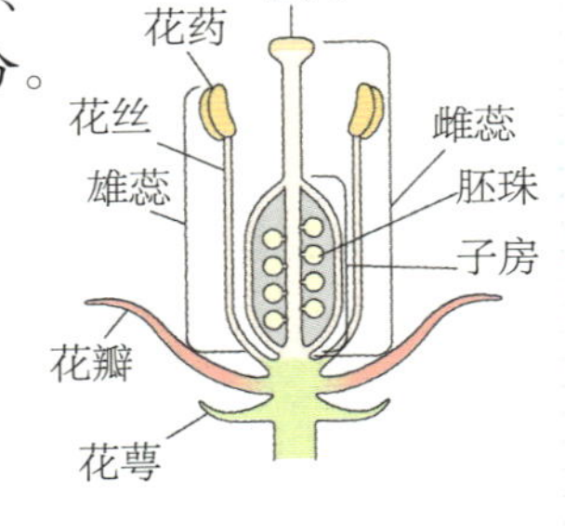

花的主要结构：有花萼、花瓣、雌蕊（柱头、花柱、子房）、雄蕊（花药、花丝）4个部分。

被子植物：胚珠被子房壁包裹着的植物。

❶ 双子叶植物：种子有两个子叶的植物。

合瓣花：桂花、牵牛花、丁香花等。

离瓣花：油菜花、梅花、豌豆花等。

❷ 单子叶植物：种子有一个子叶的植物。如稻花、郁金香等。

从授粉到结果：花被授粉后，从花粉中长出花粉管，并将其中的精子送达子房内的胚珠中，和卵细胞结合形成受精卵，完成受精。之后，子房发育成果实，胚珠发育成种子。

双子叶植物

种子有两个子叶

离瓣花

牵牛花等　油菜花等

单子叶植物

种子有一个子叶

郁金香等

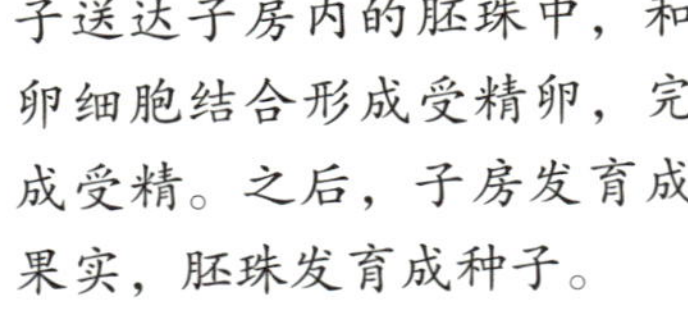

水稻和玉米的花没有花瓣和花萼哦!

 根据授粉对象不同，可分为自花授粉和异花授粉两类。

问题 02 生物

松花长在松树的什么地方呢?

问题

答案 松花长在松树的什么地方呢？

松树会开雄花和雌花两种花。靠近枝头顶端膨大的红色球花是雌花，树枝根部膨大的棕色球花是雄花。

解释说明

松树的雌花和雄花上有像动物鳞甲一样的密集的**鳞片**。雌花的鳞片上有胚珠，雄花的鳞片上有**花粉囊**。雄花产生的花粉给雌花的**胚珠**授粉后，便会形成种子。

裸子植物：无子房壁、胚珠裸露的植物。

例如 松树、杉树、银杏树和铁树等。

裸子植物的传粉：裸子植物的花没有花瓣，一般靠风来传播花粉。

种子植物：用种子进行繁殖的植物，包括被子植物和裸子植物。

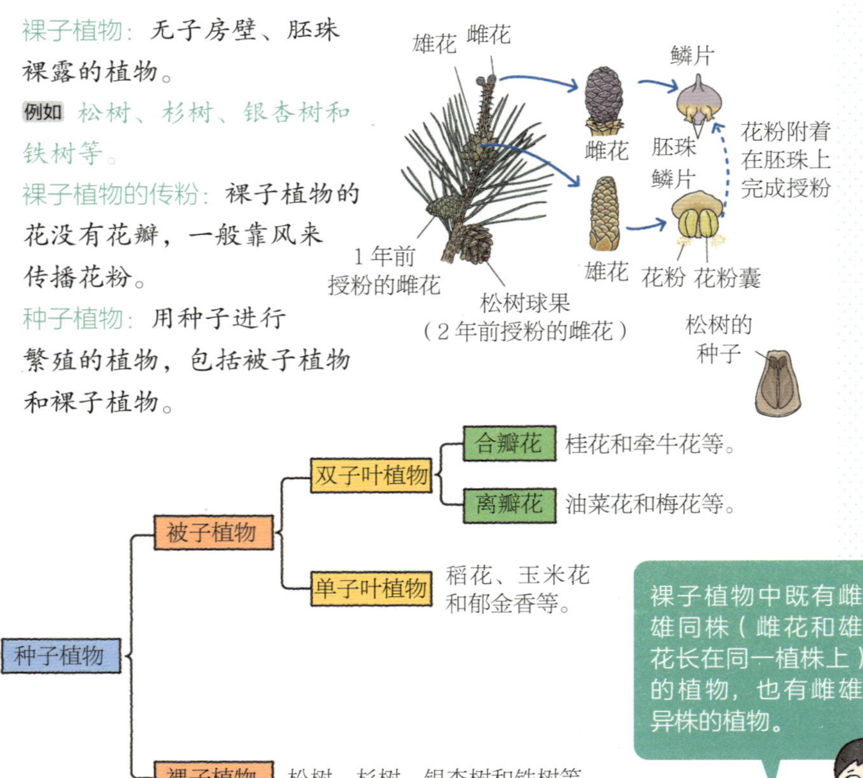

 松树的花粉和种子本身的结构易于靠风传播。

问题 03 生物

蕨菜和薇菜等蕨类植物是如何进行繁殖的呢？

答案

问题

蕨菜和薇菜等蕨类植物是如何进行繁殖呢?

蕨菜和薇菜等蕨类植物产生的孢子四散飞扬，落在潮湿的地方就会发芽，然后形成孢子体。

解释说明

蕨菜和薇菜等**蕨类植物**会产生大量的颗粒——孢子，**并通过孢子的四散飞扬进行繁殖**。孢子发芽后形成的原叶体会产生颈卵器和精子器，其中的卵细胞与精子结合完成受精，受精卵会发育成新的孢子体。

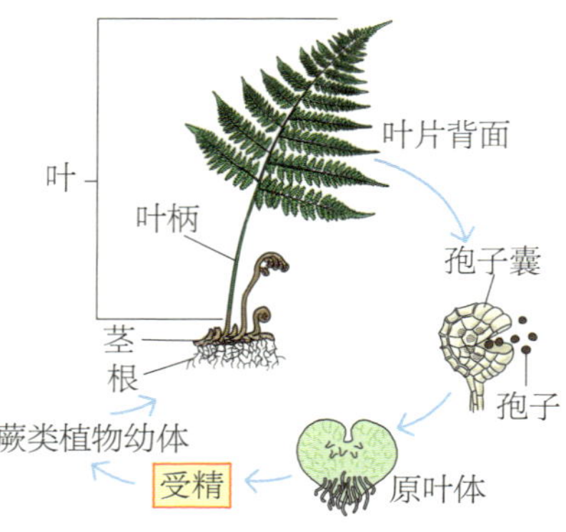

靠孢子繁殖的植物：蕨类植物和苔藓植物。

①蕨类植物：具有根、茎、叶之分，有维管束。生长于潮湿的环境中。

例如 蕨菜、薇菜、问荆等。

②苔藓植物：没有根、茎和叶之分，也没有维管束。植物各部分都需要吸收水分，生活在比蕨类植物更潮湿的环境中。属于雌雄异株。

例如 地钱、金发藓等。

孢子体：蕨类植物等产生孢子进行无性生殖的世代植物体。

孢子囊：内有孢子的囊状物。蕨类植物的孢子囊位于叶子背面。

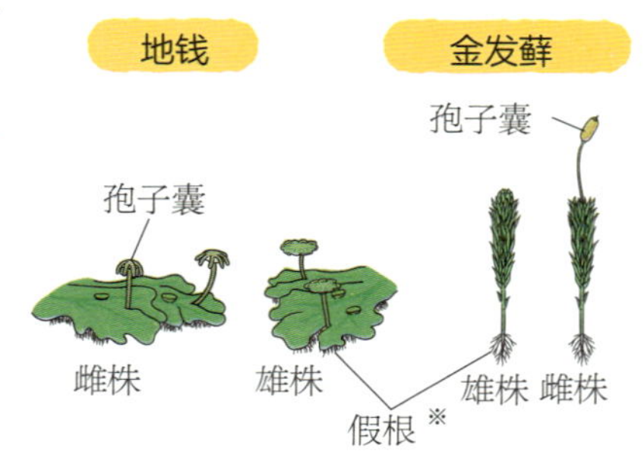

※苔藓的假根对整株植物起着支撑的作用。

问荆产生孢子的特殊的叶子被称为“孢子茎”。

 靠孢子繁殖的植物并不像种子植物一样授粉。

问题 04 生物

为什么很多昆虫长着坚硬的外壳呢？

问题

答案

为什么很多昆虫长着坚硬的外壳呢？

因为这些昆虫的身体内部没有骨骼，身体表面的硬壳具有支撑并保护身体的作用。

解释说明

昆虫等身体内部没有骨骼（内骨骼）的动物被称为**无脊椎动物**。其中有一类特殊的昆虫，它们的身体表面覆盖着坚硬的壳（外骨骼），而且肢体分为多节。这类昆虫被称为**节肢动物**。常见的节肢动物可分为昆虫纲、蛛形纲、多足纲和甲壳纲四大类。

节肢动物：是一类无脊椎动物。有外骨骼，肢体分为多节。

1. 昆虫纲：身体分为头部、胸部、腹部。有 6 条腿，用气管呼吸。
   例如 蝴蝶、蚂蚁、金龟子等。
2. 蛛形纲：身体分为头胸部和腹部两部分。有 8 条腿，用肺囊呼吸。
   例如 蜘蛛、螨虫、蝎子等。
3. 多足纲：身体分为头部和躯干部两部分，用气管呼吸。
   例如 蜈蚣、马陆、蚰蜒等。
4. 甲壳纲：身体分为头胸部和腹部两部分，用鳃呼吸。
   例如 虾、蟹、西瓜虫等。

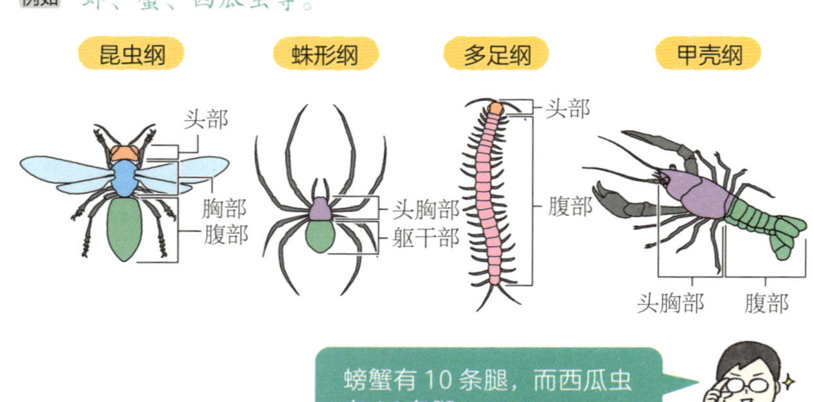

螃蟹有 10 条腿，而西瓜虫有 14 条腿。

 跳蚤属于昆虫纲，而螨虫属于蛛形纲。

问题 05 生物

乌贼的内脏在身体的哪个部位?

答案

问题

乌贼的内脏在身体的哪个部位?

乌贼的内脏位于眼睛上方被称为外套膜的内部。

解释说明

乌贼属于**软体动物**，是一种**无脊椎动物**。同时，它属于头足纲，内脏位于眼睛上方被称为外套膜的内部。此外，软体动物还包括章鱼、蜗牛、蛞蝓、双壳贝类（蛤蜊等）。

无脊椎动物中节肢动物以外的动物：

1. 软体动物：章鱼、乌贼、蜗牛、蛞蝓、双壳贝类等。
2. 棘皮动物：海胆、海星等。
3. 环节动物：蚯蚓、沙蚕、水蛭等。

软体动物

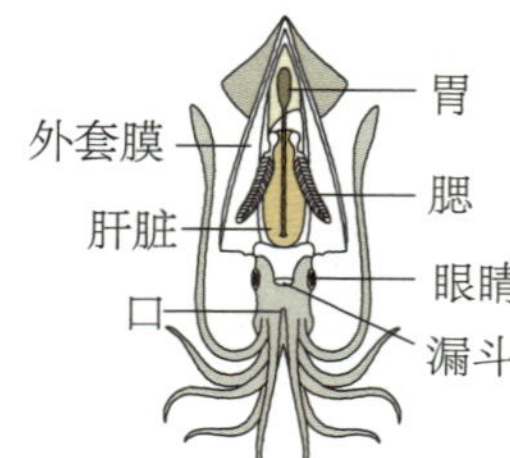

棘皮动物

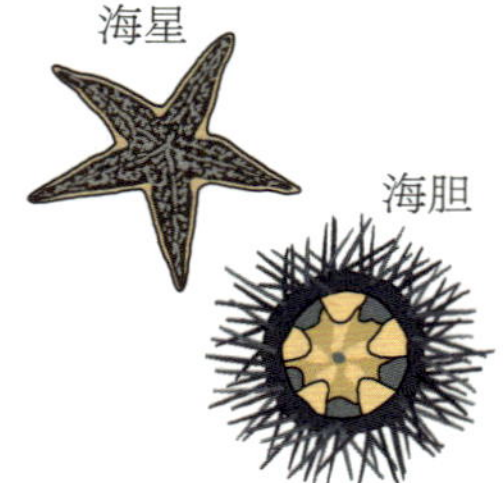

环节动物

蚯蚓

水蛭

除①～③外，无脊椎动物还有很多其他种类。

寄居蟹属于甲壳类动物，总是背着壳。

问题 06 生物

蝾螈和壁虎有什么区别?

答案

问题

蝾螈和壁虎有什么区别?

蝾螈属于两栖类动物，而壁虎属于爬行类动物。

解释说明

蝾螈和壁虎都属于有内骨骼的脊椎动物，但蝾螈属于两栖类，壁虎属于爬行类。两栖类动物的幼体生活在水中，用鳃呼吸，成年后生活在陆地上，用肺和皮肤呼吸。而爬行类动物一般生活在陆地上，用肺呼吸。

脊椎动物：指有脊椎骨的动物。包括鱼类、两栖类、爬行类、鸟类和哺乳类等。

1 鱼类：鲨鱼、泥鳅、海马、鳗鱼等。
2 两栖类：青蛙、蝾螈、娃娃鱼等。
3 爬行类：蜥蜴、壁虎、乌龟、蛇、鳄鱼等。
4 鸟类：鸽子、企鹅、孔雀、鹈鹕等。
5 哺乳类：人类、蝙蝠、虎鲸、海豚等。

<table>
<tr><th></th><th colspan="2">鱼类</th><th colspan="2">两栖类</th><th colspan="2">爬行类</th><th colspan="2">鸟类</th><th colspan="2">哺乳类</th></tr>
<tr><td>生活环境</td><td colspan="3">水中</td><td colspan="7">陆地上</td></tr>
<tr><td>产卵</td><td colspan="4">水中</td><td colspan="4">陆地上</td><td colspan="2">胎生</td></tr>
<tr><td>受精</td><td colspan="4">体外受精</td><td colspan="6">体内受精</td></tr>
<tr><td>呼吸</td><td colspan="3">用鳃呼吸</td><td colspan="7">用肺呼吸</td></tr>
<tr><td>体表</td><td colspan="2">鳞甲</td><td colspan="2">皮肤、黏膜</td><td colspan="2">鳞甲、甲壳</td><td colspan="2">羽毛</td><td colspan="2">体毛</td></tr>
<tr><td>体温</td><td colspan="6">变温</td><td colspan="4">恒温</td></tr>
<tr><td>心脏</td><td colspan="2">一心房一心室</td><td colspan="4">两心房一心室</td><td colspan="4">两心房两心室</td></tr>
</table>

两栖类动物从幼体发育为成体的过程中，其形态结构和功能会发生很大变化。

爬行类动物的心脏有两心房一心室，心室有不完全隔膜。

为什么鲸鱼喜欢在海面附近喷水呢？

答案

问题

为什么鲸鱼喜欢在海面附近喷水呢?

鲸鱼是哺乳动物，用肺呼吸。它在水中无法呼吸，因此需要浮出水面吐气。

解释说明

鲸鱼是哺乳动物，用肺呼吸。它浮出海面吐气时，鼻孔的凹处蓄积的海水就会像白色的雾气一样飞溅起来。哺乳类动物用肺呼吸，属胎生（幼崽出生时与母体相似）。而且，它们属于恒温动物，体温基本保持恒定。

脊椎动物的呼吸方式：分为鳃呼吸和肺呼吸。

脊椎动物的受精方式：分为体外受精和体内受精。

①体外受精：雄性的精子和雌性的卵细胞在体外完成受精（鱼类、两栖类）。

②体内受精：在雌性体内卵细胞和雄性的精子完成受精（爬行类、鸟类、哺乳类）。

脊椎动物的体温：分为恒温动物和变温动物。

①恒温动物：体温基本保持恒定（鸟类、哺乳类）。

②变温动物：体温随气温而变化（鱼类、两栖类、爬行类）。

爬行类、两栖类和一部分的哺乳动物都会冬眠。松鼠、睡鼠、蝙蝠等动物是哺乳动物，在冬季它们的体温会下降。

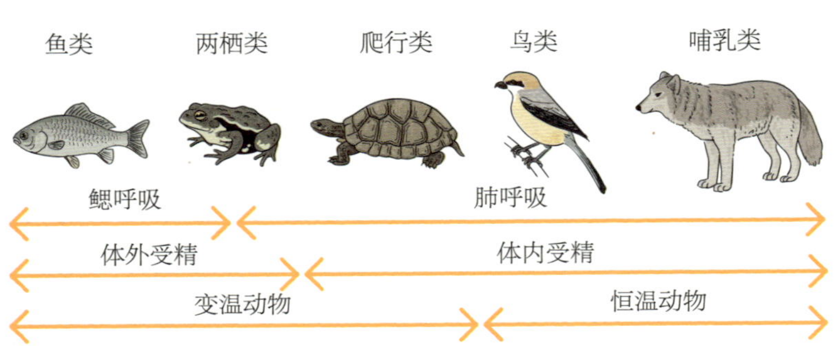

 熊是恒温动物，它并不是真正的冬眠动物。

问题 08 | 生物

为什么很多植物叶片的正面比背面绿色更深一些呢?

答案

为什么很多植物叶片的正面比背面绿色更深一些呢？

因为叶子正面集中了更多的叶绿体。

解释说明

植物可以通过叶绿体，利用光能进行光合作用并制造养料。而含有叶绿体的细胞一般分布在能够充分接受太阳光照射的叶子正面。因此，叶子正面的绿色要更深一些。

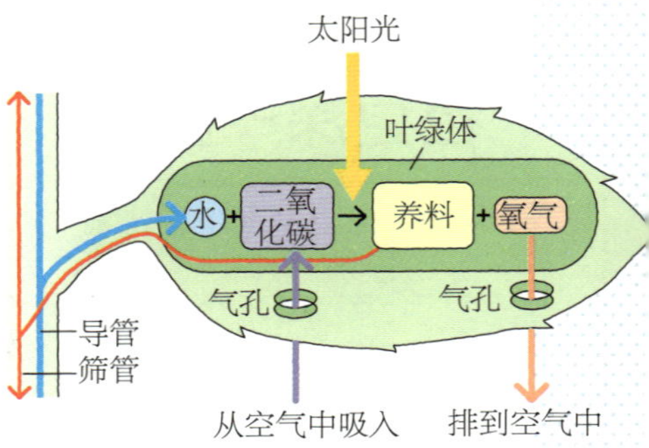

光合作用：植物利用光能，把二氧化碳和水合成养料并释放氧气的过程。

水 + 二氧化碳→养料 + 氧气

维管束：由导管和筛管组成，多存在于植物的根、茎和叶中。

1. 导管：植物从根部吸收水分和养料的通道。
2. 筛管：运输由叶子制造的养料的通道。

叶子的内部结构：

1. 维管束：叶片中的维管束也称叶脉。叶子正面有导管，背面有筛管。
2. 栅栏组织：叶肉组织中的一群细胞。主要分布在植物的叶片之中。
3. 海绵组织：位于栅栏组织与下表皮之间的同化组织。
4. 保卫细胞：表皮中含有叶绿体的半月形的细胞。
5. 气孔：保卫细胞之间的空隙，是气体的进出通道。

表皮细胞中不含叶绿体，而保卫细胞中含有叶绿体。

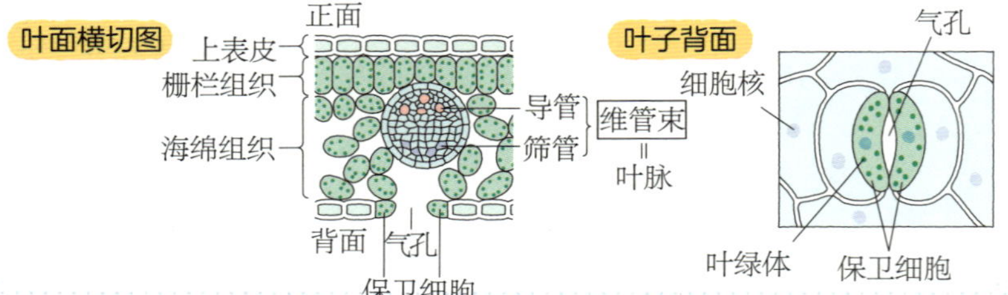

海绵组织的细胞之间的空隙能够积蓄水和养料。

问题 09 | 生物

将植物长时间放置在阴暗的房间里，植物便会枯萎。这是为什么？

答案

将植物长时间放置在阴暗的房间里，植物便会枯萎。这是为什么？

因为在阴暗的房间里植物只能进行呼吸作用，体内的养料会不断减少。

解释说明

植物将光合作用产生的一部分养料※用于呼吸，并产生赖以生存的能量。在没有光照的环境下，**植物无法进行光合作用产生新的养料**，只能靠体内已经产生的养料进行呼吸作用。当养料逐渐减少甚至耗尽时，植物便会枯萎。

※ 植物会将多余的养料储存起来。

光合作用产生的淀粉会转化为糖，然后通过筛管运输到植物的各个部分。

呼吸作用：植物每时每刻都在进行呼吸作用，生成赖以生存的能量。

有机物 + 氧气→二氧化碳 + 水

光合作用量和光照强度：光照强度低于一定值时，光照强度越强，光合作用速度越快。

蒸腾作用：水分以气态的形式从植物表面散失到大气中的过程。为植物吸收和运输水分提供动力。

促进蒸腾作用的条件：①气温高；②湿度低；③空气流动快。

光合作用量和光照强度

CO_2 吸收量
光合作用量
光照强度不低于这个数值，植物才能生存
0
光照强度
呼吸量
呼吸量
光合速率 = 呼吸速率
CO_2 释放量

蒸腾作用实验

水蒸气
加入油，防止水蒸气从水面蒸发
水面下降

当光照强度增加到一定的值，光合作用强度不再增加。

问题 10 | 生物

为什么米饭会越嚼越甜呢？

答案

问题

为什么米饭会越嚼越甜呢？

因为唾液中的消化酶将米饭中的淀粉转化成了麦芽糖。

解释说明

唾液中含有叫作**淀粉酶**的**消化酶**。淀粉酶能够将米饭的主要成分——淀粉转化为一种叫**麦芽糖**的糖类。胰腺生成的消化液——**胰液**中也含有淀粉酶。麦芽糖经胰液和肠液分解后，转化为**葡萄糖**，被小肠内壁的**小肠绒毛**所吸收。

消化液和消化酶：唾液、胃液、胰液、肠液（小肠生成的物质）几种消化液中均含有消化酶。这些消化酶能够将碳水化合物（淀粉）、蛋白质和脂肪等养料转化为能够溶于血液的物质。

小肠绒毛：小肠内壁的有环形皱襞，其表面有许多**绒毛突起**，叫小肠绒毛，能够**增加小肠面积，提高营养吸收率**。消化液会将各种营养物质一一分解：**淀粉→葡萄糖、蛋白质→氨基酸、脂肪→脂肪酸＋甘油**，然后被小肠绒毛的毛细血管或淋巴管吸收。

肝脏生成的胆汁中不含消化酶，但对脂肪有乳化作用，促进血液和脂肪充分混合。

唾液、胰液　淀粉 → 麦芽糖（淀粉酶）　胰液、肠液　麦芽糖 → 葡萄糖

胃液　蛋白质 → 蛋白胨（胃蛋白酶）　胰液、肠液　蛋白胨 → 氨基酸

胆汁、胰液　脂肪 → 脂肪酸＋甘油（脂肪酶）

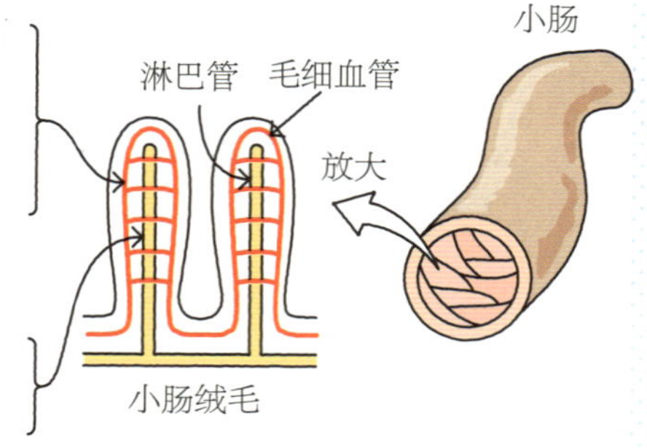

脂肪酸和甘油会进入小肠绒毛的毛细淋巴管（脂肪的主要运输通道）。

问题 11 生物

为什么深呼吸时肋骨会向上运动呢？

答案

为什么深吸气时肋骨会向上运动呢？

因为肋骨向上运动，横膈膜向下运动，可以将空气吸入体内。

解释说明

人在吸气时，肋骨向上运动，横膈膜向下运动，胸腔的压力便会减小，外界空气就会流入胸腔内的肺内。空气通过气管到达支气管，再进入肺泡，并在肺泡中进行氧气和二氧化碳的气体交换。

	肋骨	横膈膜
吸气	向上运动	向下运动
呼气	向下运动	向上运动

肺泡：直径为0.1~0.2mm的半球状囊泡，有3亿~4亿个。氧气和二氧化碳等气体的交换发生于此。

毛细血管：氧气透过肺泡壁进入毛细血管，与此同时，二氧化碳透过毛细血管进入肺泡。

吸气和呼气时各种气体的体积分数：

❶呼气：氮气约78%、氧气约16%、二氧化碳约4%，其他成分若干。

❷吸气：氮气约78%、氧气约21%、二氧化碳约0.03%，其他成分若干。

肺泡可以增大肺进行气体交换的面积。

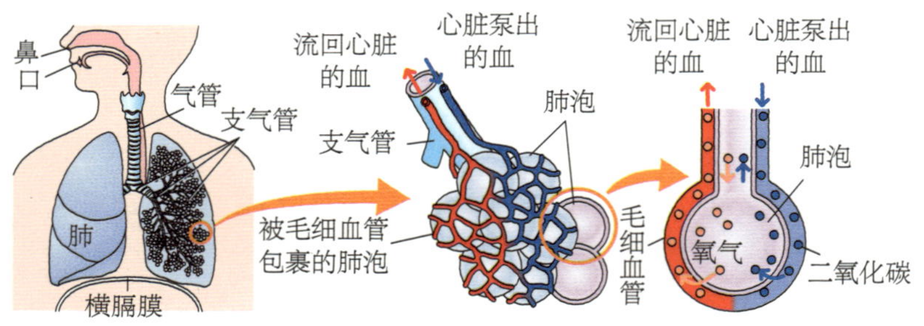

进入血液的氧，通过血液循环被输送到全身各处的组织细胞，用于细胞呼吸。

问题 12 生物

为什么做剧烈运动时心跳会加快呢？

问题

答案　为什么做剧烈运动时心跳会加快呢？

因为剧烈运动时，身体对氧的需求量大，心脏需要在短时间内将大量的氧气输送到全身各处。

解释说明

做剧烈运动时肌肉需要消耗大量的氧气，呼吸就会变得急促。与此同时，负责将血液运送到全身各处、具有泵血功能的心脏负荷增大，心跳便会加快。这样才能在短时间内将大量的氧气输送到全身各处。

血液的成分：红细胞、白细胞、血小板、血浆。

❶红细胞：负责输送氧气。

❷白细胞：负责保护身体免受细菌和病毒的侵害。

❸血小板：促进止血，加速血液凝固（促进伤口结痂）。

❹血浆：输送养料和废物等。

红细胞
血浆（液体）
血小板
白细胞

心脏结构：分为两个心房和两个心室。左心室的肌壁最厚。

动脉：将血液从心脏输送到全身的血管。

静脉：将血液从全身各处送回心脏的血管（静脉中有防止血液倒流的静脉瓣）。

大动脉
泵向全身
肺动脉
由全身流回
流向肺
肺静脉
从肺流入
大静脉
左心房
右心房
大静脉
右心室
瓣膜
左心室

动脉血
静脉血

大脑
肺
肺动脉
肺静脉
大静脉
肝脏
心脏
大动脉
小肠
肾脏
全身细胞

负责向全身各处输送血液的主要是左心室，因此左心室的肌肉要更厚哦！

 动脉血含氧气较多，静脉血含二氧化碳较多。

问题 13 生物

尿素和尿液分别产生于身体的哪个器官呢?

答案

问题

尿素和尿液分别产生于身体的哪个器官呢？

尿素由肝脏产生，尿液由肾脏产生。

解释说明

人体内会产生一种叫作**氨**的有毒物质，肝脏可以将其转化为毒性很小的**尿素**。在这个代谢过程中形成的尿素等废物会以**尿液**的形式排到体外。肾脏中形成的尿液经肾盂流入输尿管，再流入膀胱，并在膀胱内暂时停留。

肝脏的功能：除可以将氨转化为尿素以外，肝脏还有其他很多功能。

例如 ①分泌胆汁；②将葡萄糖转化为糖原并储存起来；③破坏衰老的红细胞；④储存血液。

肾静脉：从肾脏流向心脏的血液所流经的血管，**血液中含二氧化碳以外的废物最少**。

膀胱：肾脏中产生的尿液会暂时存储在膀胱。正常成年人一天的尿量约为 1000mL~1500mL。当膀胱内的尿量达到 100mL~150mL 时，便会产生尿意。

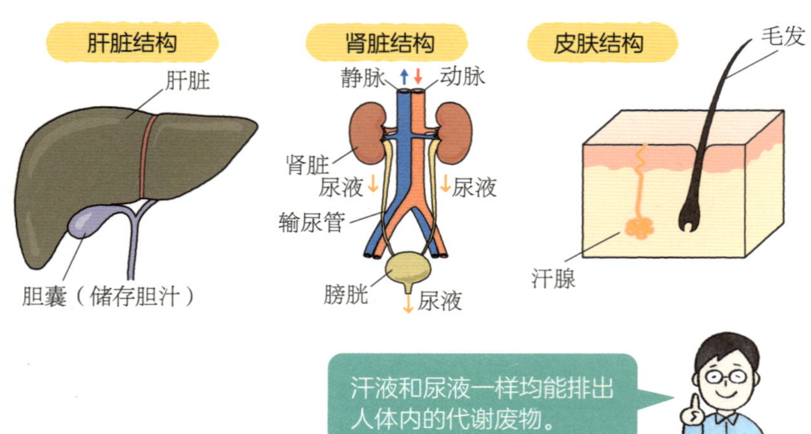

汗液和尿液一样均能排出人体内的代谢废物。

 肾脏产生的尿液中不含葡萄糖，主要是因为肾小管的重吸收作用。

跟腱的作用是什么呢？

答案

问题

跟腱的作用是什么呢?

跟腱能够将小腿肌肉与足跟骨连接起来。

解释说明

人运动时需要肌肉带动骨头来实现。肌腱的作用就是连接骨骼和肌肉，它主要由胶原蛋白构成，呈白色，是人体最粗最大的肌腱之一。

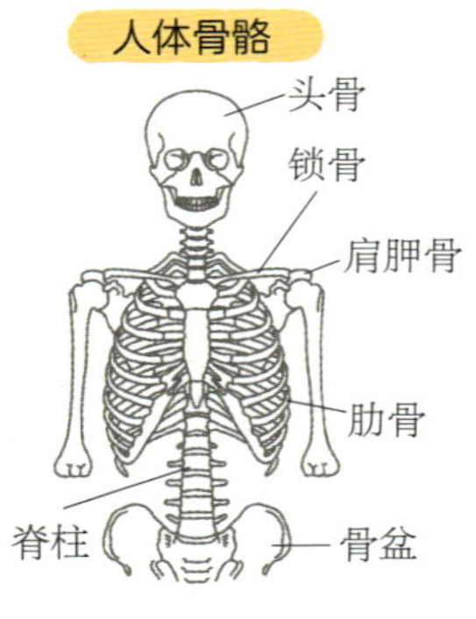

骨骼与骨骼的作用：骨骼的主要成分为碳酸钙，人体由200多块骨骼组合而成。

①协助身体运动：手和足的骨骼。

②支撑身体：脊柱和骨盆。

③保护内部器官：肋骨和头骨。

关节：骨头间的一种连接方式，可以朝固定的方向大幅度活动。

肌肉：人体约有600多块肌肉，主要成分为蛋白质。

①骨骼肌：能够受意识控制进行活动的肌肉。

②平滑肌：不受意识控制，使脏器和血管保持活动的肌肉。

③心肌：不受意识控制，使心脏保持活动的肌肉。

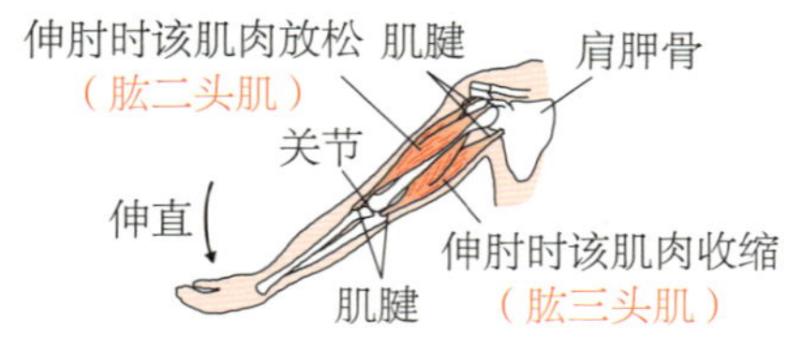

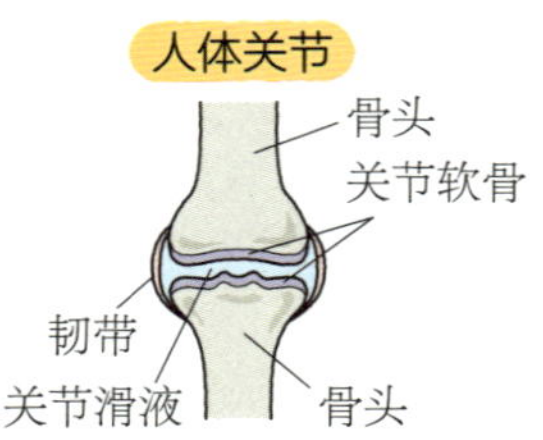

 肌肉训练主要增强的是骨骼肌的力量和强度。

问题 **15** 生物

为什么进入黑暗的房间时，瞳孔会放大？

答案

问题

为什么进入黑暗的房间时，瞳孔会放大？

瞳孔大小是由虹膜肌肉控制的，光线变暗时，交感神经系统促使瞳孔放大。

解释说明

眼睛、耳朵等感觉外界刺激，或将刺激传导到大脑的器官被称为感觉器官。进入眼球的光线由瞳孔经过晶体和玻璃体的折射后在视网膜上形成清晰的像。视网膜上的感觉细胞可以将像转化为电信号并把这种信息传导到大脑。

眼睛的结构：

1. 虹膜：调节光线。
2. 角膜：保护眼球的内容物。
3. 晶体：调节对光线的折射度。
4. 玻璃体：维持眼球形状。
5. 视网膜：将成像信息转化为电信号。
6. 视神经：将视网膜发出的电信号传导至大脑。

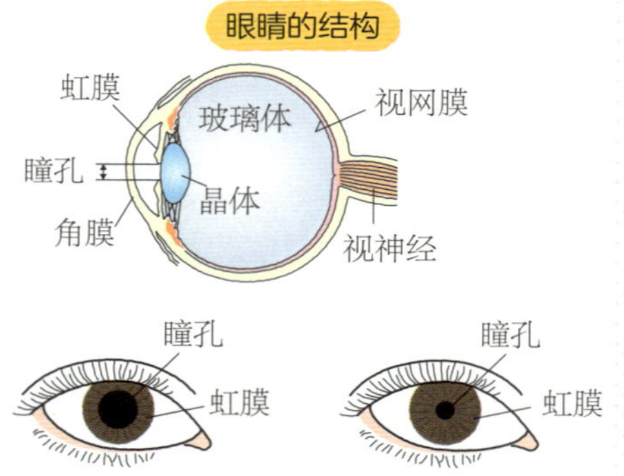

耳朵的结构：耳朵可以将声音信号传导至大脑。声音传导到大脑的路径为：鼓膜→听小骨→耳蜗→听神经→大脑。

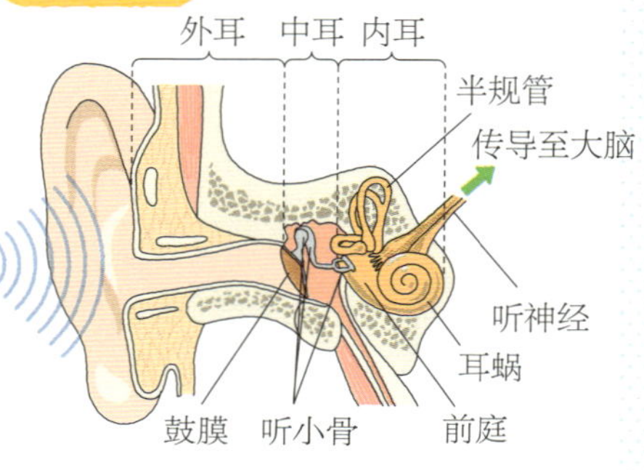

耳朵除了能够收集、感知外界声音刺激，还有调节耳压（咽鼓管）、感知身体转动（半规管）和感知身体倾斜（前庭）等作用。

 耳朵的感觉细胞位于耳蜗中。

问题 16 生物

为什么手碰到烫的东西时会不由自主地缩回去?

问题

答案

为什么手碰到烫的东西时会不由自主地缩回去？

因为皮肤受到刺激后不经过大脑，而是直接传到脊髓中枢，在中枢的指令下让肌肉产生收缩反应。

解释说明

人的反应包括有意识反应和无意识反应。有意识反应是指机体受到刺激时，由感觉器官传导到大脑，然后肌肉在大脑的指令下产生反应。而无意识反应是指机体受到刺激时，不经过大脑，而是直接传到脊髓中枢，在脊髓的指令下让肌肉产生收缩反应。这种无意识的反应被称为**非条件反射**。

中枢神经：由脑和脊髓组成，负责给肌肉下达指令。

神经末梢：分为感觉神经末梢和运动神经末梢。

①感觉神经末梢：接受刺激，并由感觉神经元向中枢神经传导的结构。

②运动神经末梢：由中枢神经将神经冲动传到肌肉等的结构。

从刺激到反应：

例如 感觉有人拍肩后转身。

感觉器官（皮肤）→感觉神经→脊髓→大脑→运动神经→肌肉

例如 非条件反射：碰到烫东西时，手会不由自主地缩回去。

感觉器官（皮肤）→感觉神经→脊髓→运动神经→肌肉

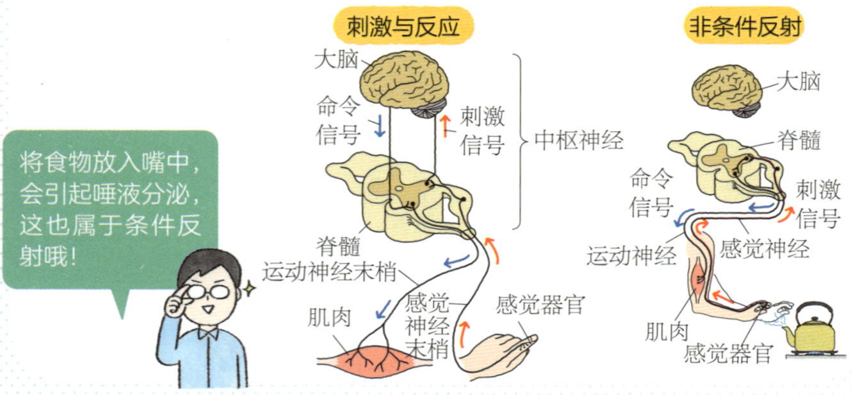

 非条件反射能够保护身体远离危险、调节身体机能。

多细胞生物是如何长大的？

答案

多细胞生物是如何长大的？

经过不断的分裂和生长，多细胞生物就会慢慢长大。

解释说明

细胞是生物体结构和功能的基本单位。而多细胞生物是由多个细胞组成的生物体。**多细胞生物的体细胞分裂非常活跃，细胞数量不断增加。各个细胞生长之后，多细胞生物就会慢慢长大。**细胞分为**植物细胞**和**动物细胞**，这两者既有相同点，也有不同点。

细胞分裂

细胞核

染色体

出现染色体

染色体位于中央

染色体分裂成 2 个

间隔

染色体产生 2 个细胞核，并形成间隔

产生 2 个新的细胞

细胞的结构：分为植物细胞和动物细胞。

❶相同点：都具有细胞核、细胞质和细胞膜。细胞核中间有染色体。

❷不同点：植物细胞中有细胞壁和叶绿体，而且其中的液泡非常明显。

细胞分裂：经过数次的细胞分裂和生长，多细胞生物才会慢慢长大。

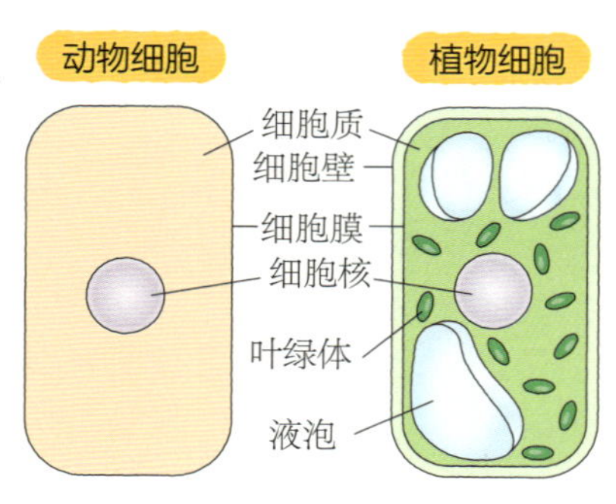

细胞质是指细胞膜以内、细胞核以外的部分。染色体中含有遗传物质。

 植物细胞的细胞壁起着支持和保护细胞的作用。

问 题 18 生物

青蛙为什么要在水中产卵?

问题

答案 青蛙为什么要在水中产卵?

因为青蛙是体外受精的，雌性青蛙将卵产在水中，才能和雄性青蛙的精子结合完成体外受精。

解释说明

青蛙的生长过程

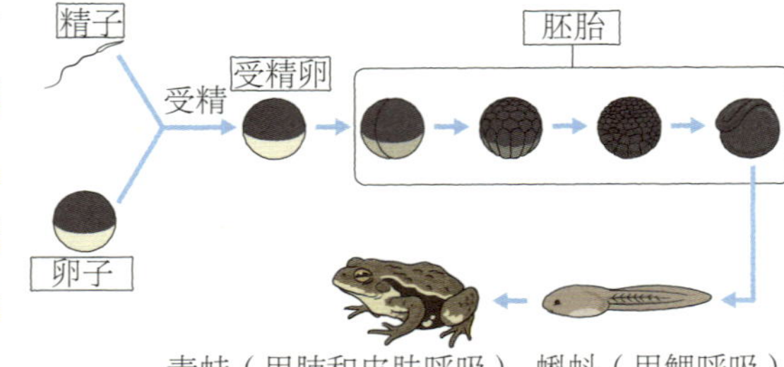

鱼类、两栖类动物都是体外受精，雌性将卵产在水中，雄性的精子才能游动着附着在卵子上。爬行类、鸟类、哺乳类是体内受精，雄性的精子必须进入雌性的身体，昆虫的受精方式较为多样，既有体内受精，也有体外受精。卵子和精子结合后形成受精卵，受精卵的体细胞分裂非常活跃，慢慢地形成新的生物体。

受精与受精卵：雌性的卵子与雄性的精子结合的过程叫作受精，二者结合后便形成受精卵。受精卵经过数次细胞分裂，会慢慢长大。

体外受精：在体外进行受精的方式，受精成功率较低。因此，成熟机体会释放出大量的卵子和精子。

体内受精：比体外受精的成功率高。

人的诞生

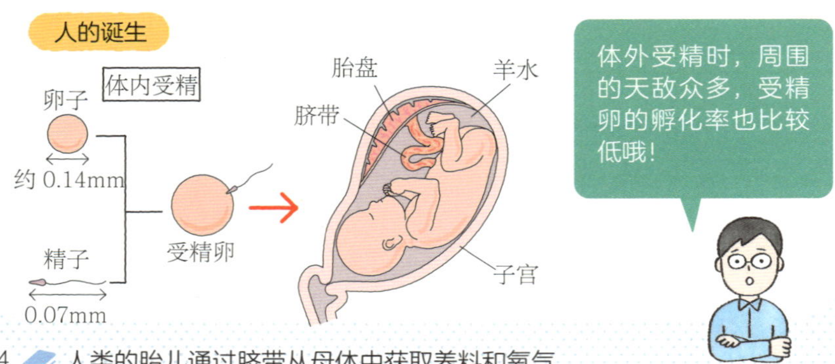

体外受精时，周围的天敌众多，受精卵的孵化率也比较低哦!

 人类的胎儿通过脐带从母体中获取养料和氧气。

问题
19
生物

如何用好吃的土豆品种培育出同样味道的土豆呢?

问题

答案 如何用好吃的土豆品种培育出同样味道的土豆呢?

将好吃的土豆的块茎种到土里，可以培育出同样味道的土豆。

解释说明

种子植物一般是用种子繁殖的，不过土豆等植物是靠块茎来繁殖的。这种无须雌性和雄性（雄蕊和雌蕊）结合的生殖方式被称为无性生殖。无性生殖包括土豆等植物的营养生殖，以及变形虫和草履虫等的分裂生殖。

无性生殖：不需雌性和雄性结合的生殖方式。幼体与母体有着共同的特性。

❶营养生殖：用根、茎、叶等营养器官来繁殖植物下一代的方式。

例如 土豆、红薯等。

❷分裂生殖：单细胞生物的生殖方式。

例如 变形虫、草履虫等。

无性生殖的一大好处是幼体能够拥有和母体同样的遗传基因，但缺点在于幼体有可能无法适应环境变化。

营养生殖

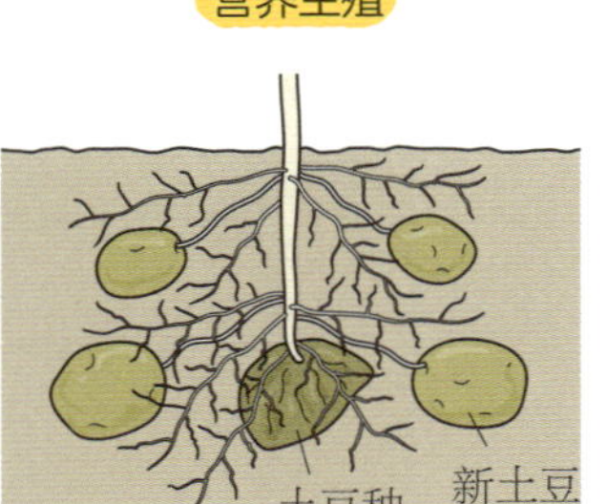

分裂生殖

变形虫

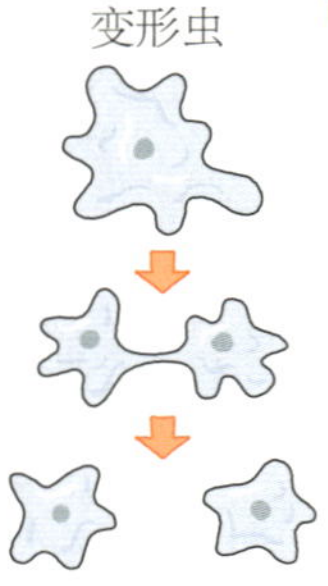

新月藻

 用郁金香的球根进行繁殖的方式也属于营养生殖。

问题 20 生物

为什么孩子的长相，有些地方像父母，有些不像呢？

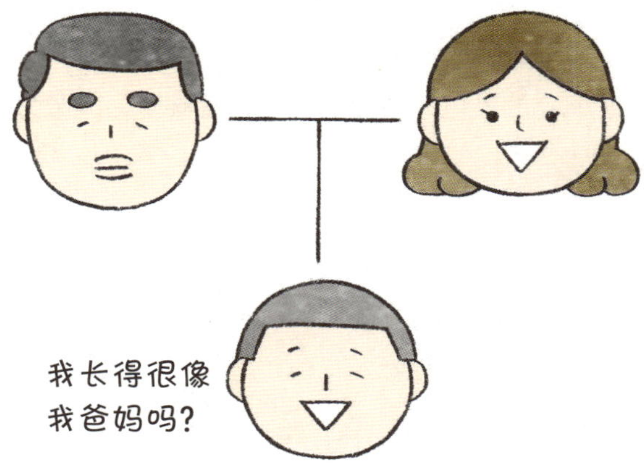

答案

问题

为什么孩子的长相，有些地方像父母，有些不像呢？

人类的繁衍属于有性生殖，孩子会遗传来自父母双方的遗传基因。

解释说明

需要两性生殖细胞结合的生殖方式被称为**有性生殖**。雄性和雌性产生的生殖细胞结合后形成受精卵。受精卵不断进行细胞分裂，并逐渐生长。生殖细胞生成时，其染色体条数会变为体细胞所拥有的染色体条数的一半，这被称为**减数分裂**。

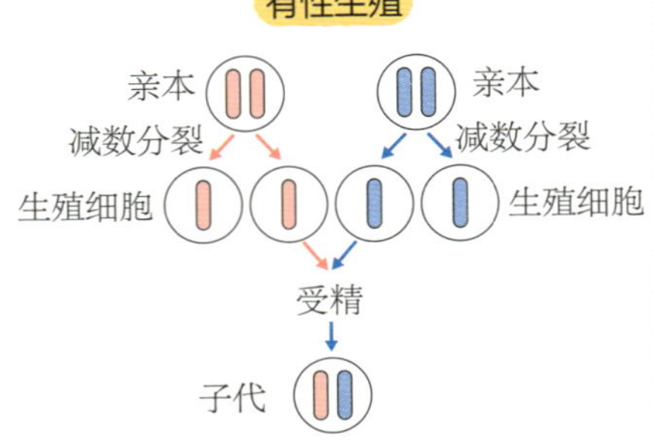

有性生殖：需要两性生殖细胞结合的生殖方式。新个体**不一定和亲本表现出相同的特性**。雄性和雌性的生殖器官所产生的生殖细胞结合后，才形成了新个体。

染色体：含 DNA 等遗传信息。

减数分裂：生殖细胞生成时，**其染色体条数变为体细胞的染色体条数的一半的分裂方式**。

孟德尔定律：催生遗传学诞生的定律。主要内容包括：**①分离定律；②自由组合定律；③显性原则**。

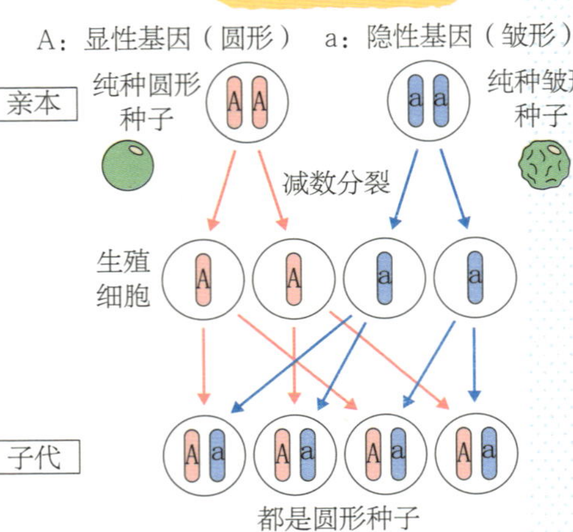

生物特性是指生物表现出来的性质或特征！

 人有 46 条（23 组）染色体，猫有 38 条染色体。

食草动物的数量减少后，其他种群的数量会发生什么变化呢?

答案

问题

食草动物的数量减少后，其他种群的数量会发生什么变化呢?

一段时间内食肉动物的数量会减少，植物的数量会暂时增加，但最终仍将达到食草动物数量减少前的水平。

解释说明

自然界的生物之间存在一种“吃与被吃”的关系，这种生物之间的食物联系被称为**食物链**。当食草动物的数量减少后，一段时间内，以其为生的食肉动物的数量会减少，而食草动物的食物——植物的数量则会增加。但随着植物数量的增加，食草动物的数量又会增加，于是食肉动物的数量也会随之增加。最终仍将达到食草动物数量减少前的水平。

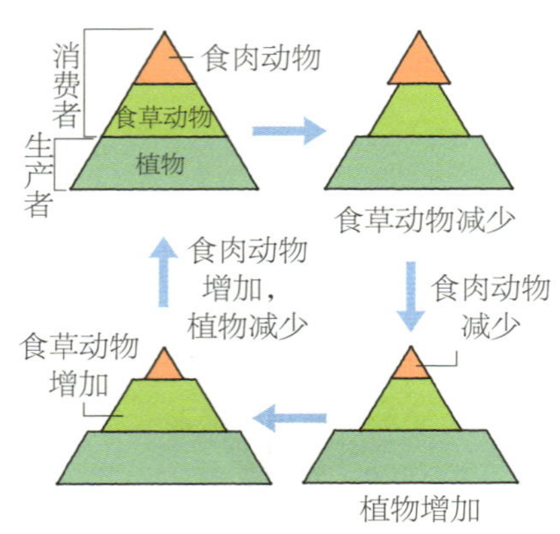

生态系统：在一定地域内，生物与其生存的环境所构成的统一整体。
食物链：自然界中生物之间存在的“吃与被吃”的食物联系。

①生产者：绿色植物等能够进行光合作用，将无机物（二氧化碳和水）转化为有机物（氧气和有机淀粉）的生物。

②消费者：食草动物和食肉动物等依赖其他生物来获取能量和养分的生物。

食草动物 食肉动物
斑马 狮子
门齿 臼齿 犬齿

在一个稳定的生态系统中，各种生物的数量关系为：植物 > 食草动物 > 食肉动物。

食草动物是“一级消费者”，而食肉动物是“二级消费者”。

问题 22 生物

霉菌和菇类对自然界的作用是什么呢?

答案

问题

霉菌和菇类对自然界的作用是什么呢?

霉菌、菇类等微生物可以分解植物的枯叶、动物的粪便和尸骸等有机物，并将其转化为二氧化碳、水和无机盐等。

解释说明

霉菌和菇类可以通过有机物释放能量。在这个过程中，霉菌和菇类分解植物的枯叶、动物的粪便和尸骸等有机物，并将其转化为二氧化碳、水和无机盐等。因此，在生物界中霉菌和菇类被称为分解者。

分解者：以动植物等生物的遗体、残骸、粪便等为食的生物。如霉菌、菇类等。

碳循环：碳元素在生产者、消费者和分解者之间的循环。

①生产者：绿色植物（进行光合作用※和呼吸）。※光合作用只在白天发生。

②消费者：食草动物和食肉动物（进行呼吸）。

③分解者：霉菌和菇类。

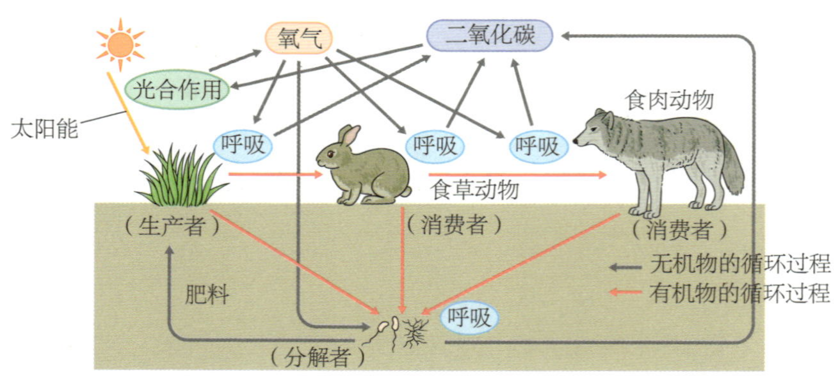

分解者是指能够分解生物的尸骸和粪便的生物，主要是细菌和真菌！

 自然界中所有生物赖以生存的能量之源是太阳能。

问题 23 生物

为什么全球气候会变暖呢？

问题

答案 为什么全球气候会变暖呢？

由于化石燃料的大量燃烧和砍伐森林，大气中的二氧化碳逐渐增多所致。

解释说明

二氧化碳会吸收一部分的太阳光。**大气中二氧化碳的含量增加后，大气温度便会上升**。E 由于火力发电需要化石燃料（石油、煤、天然气等）大量燃烧，以及砍伐森林造成的植被减少，大气中的二氧化碳不断增多。此外，地球还面临酸雨和臭氧层被破坏等环境问题。

温室气体：二氧化碳等会导致地球变暖的气体的总称。

化石燃料：石油、煤、天然气等。燃烧时会生成二氧化碳。

酸雨：汽车尾气和工厂排放的废气中所含的氮氧化物和硫氧化物溶于雨水中，便会降下呈酸性的雨。酸雨有时会导致建筑物崩塌。

臭氧层被破坏：制冷剂中使用的氟利昂会破坏大气层中的臭氧层。臭氧层总量下降后，大量的紫外线会照射到地表（紫外线可能会导致皮肤癌）。

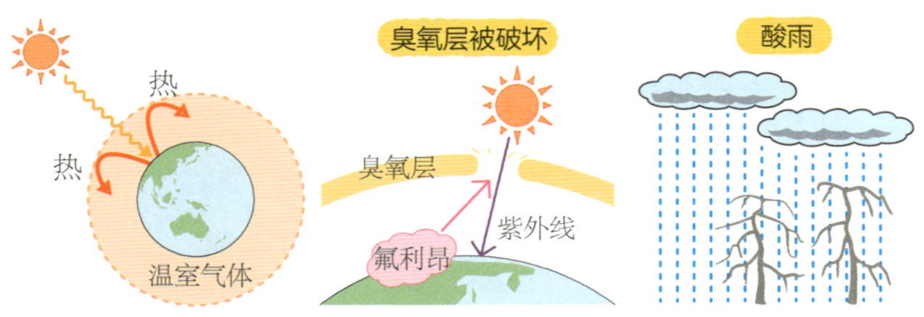

为了减少化石燃料的使用，人们正在积极地研发利用其他新能源发电，如太阳能、风能等。

实验与观察

物理 1 光的反射

把高度为 10cm 的物体放置在距镜子前面 20cm 的位置。

↓

物体在镜子里成像。

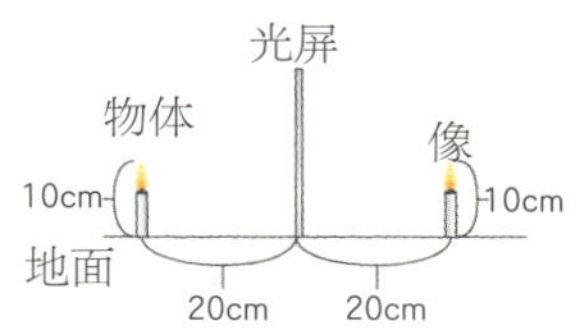

镜子垂直于地面放置。

物体成像的位置如何？⇒以镜面为对称轴，与物体对称的位置（距镜子 20cm 的位置）。

物体成像的大小如何？⇒与物体大小相同（高 10cm）。

要想在镜中看到自己的全身，镜子尺寸至少为多少？⇒镜子尺寸至少为自己身高的一半。

光如何在镜子上反射？⇒遵守光的反射定律（反射角 = 入射角）。

物理 2 凸透镜（光的折射）

将高度为 5cm 的物体放在距离凸透镜的中心（焦距为 10cm）20cm 的位置。

↓

在凸透镜另一侧距透镜中心 20cm 的位置，会形成高度为 5cm 的物体的像（实像）。

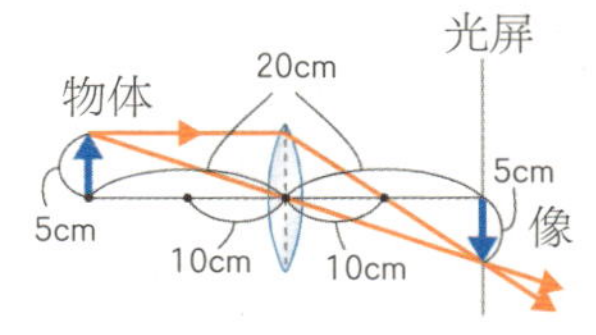

一个凸透镜有两个焦点，从透镜的中心到焦点的位置被称为焦距。焦距会因透镜的性质（厚度等）而异。

凸透镜成实像时，像的方向如何？⇒与物体上下左右颠倒。

当物体位于凸透镜的两倍焦距之外时会如何？→成倒立、缩小的实像。

将物体放在焦点处会如何？⇒无法成像。

将物体放在凸透镜焦点以内的位置上会如何？⇒在物体的同侧，会产生一个比物体更大的虚像。

物理 3 声音的传播

在圆底烧瓶中加入少量水并微微加热。之后，用节流夹将烧瓶密封，并让烧瓶充分冷却。然后轻晃烧瓶。

几乎听不到铃声。

⚠进行加热试验时通常使用圆底烧瓶（而非平底烧瓶或三角烧瓶）。

为什么要加热烧瓶？⇒为了排空烧瓶中的空气。

在烧瓶冷却前摇晃会如何？⇒可以听到铃铛的声音（因为烧瓶中还有水蒸气）。

为什么要等到烧瓶冷却？⇒为了让烧瓶中的水蒸气变为水。

为什么最后几乎听不到铃铛的声音？⇒因为烧瓶中几乎没有气体存在（声音的传播需要介质）。

声音的振动频率指什么？⇒声音 1 秒内的振动次数（单位为 Hz）。振动频率与音调高低成正比。

物理 4 物体的受力情况

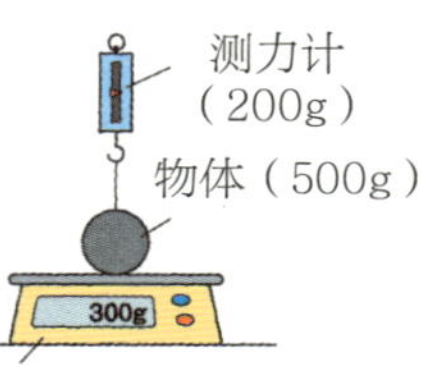

把电子天平放在桌子上，并在上面放置质量为 500g 的物体。用测力计将该物体轻轻朝正上方抬起，当测力计的示数达到 200g 时，读取电子天平的示数。

↓

电子天平的示数为 300g。

⚠g 和 kg 都是表示物体质量的单位，质量为 100g 的物体所受重力约为 1N。

电子天平上的物体受几个力？⇒重力（5N）、弹力（2N）和支持力（3N）。

物体受力的方向如何？⇒重力朝下，弹力朝上，支持力也朝上。

逐渐增大测力计的弹力后会如何？⇒电子天平上的示数（支持力）会逐渐变小。当测力计示数达到 500g 时，电子天平上的示数会变为 0。

测力计的示数 + 电子天平的示数等于多少？⇒永远为 500g(物体的质量)。测力计施加的弹力 + 电子天平施加的支持力 = 物体所受重力。

物理 5 欧姆定律

将 10Ω 的电阻 A 与 15Ω 的电阻 B 分别以串联（图 1）和并联（图 2）的方式接入电路中，并在两个电路上施加 6V 的电源电压。

↓

流过电源的电流大小：图 1 为 0.24A，图 2 为 1A。

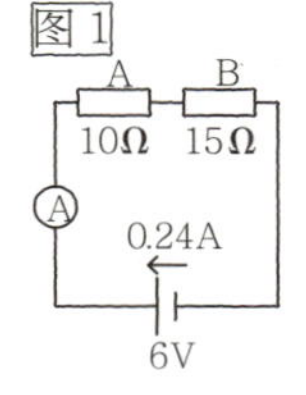

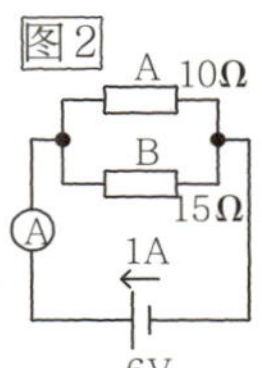

⚠电流表与电阻串联，电压表与电阻并联。

⚠电流表和电压表的正极与电源的正极相连，负极与电源的负极相连。

欧姆定律的公式是什么？⇒电压（V）= 电流（A）× 电阻（Ω）。

流过图 1 的电阻 A 与电阻 B 的电流分别为多少？⇒两者都是 0.24A（6V÷25Ω）。

流过图 2 的电阻 A 与电阻 B 的电流分别为多少？⇒流过电阻 A 的电流为 0.6A（6V÷10Ω），而流过电阻 B 的电流为 0.4A（6V÷15Ω）。

加在图 1 的电阻 A 与电阻 B 的电压分别为多少？⇒电阻 A 的电压为 2.4 V，电阻 B 的电压为 3.6V。

加在图 1 的电阻 A 与电阻 B 的电压分别为多少？⇒两者都是 6V。

物理 6 电流与热量

在 20℃的温度下，将 10Ω 的电阻 A 放入装有 100g 水的保温容器中，然后接通电源电压为 6V 的电流 10 分钟。

↓

水温约上升 5.1℃。

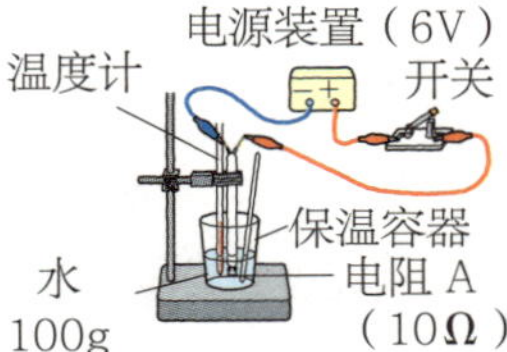

⚠使 1g 水的温度上升 1℃所需热量为 1cal，1cal ≈ 4.2J。
该实验中假设电阻产生的热量全部用于使水温上升。

什么是电功率？⇒电功率是指电器单位时间内消耗的能量，电功率（W）= 电流（A）× 电压（V）。

电阻 A 产生多少热量？⇒ 6V × 0.6A × 600 秒 =2160J。

水温上升温度的公式是什么？⇒ 2160J=100g × □℃ × 4.2J，因此□℃ ≈ 5.14℃。

用 5Ω 的电阻做这个实验会如何？⇒水温上升温度约为电阻 A 时的 2 倍（流经电路的电流相当于电阻 A 时的 2 倍）。

物理 7 电流在磁场中的受力情况

如图所示放置一块永磁铁，并将线圈悬于其下，然后通电。

置于永磁铁之间的线圈部分，沿着图中“受力方向”箭头所指的方向受力并晃动。

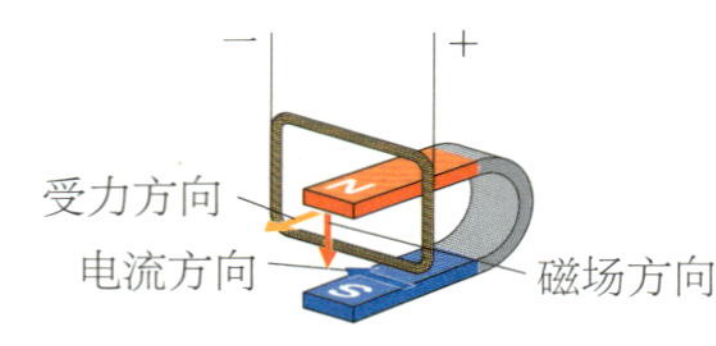

⚠ 线圈使用漆包线（漆包线表面有绝缘体，内部导电）。

⚠ 改变线圈匝数时，要调整所使用的漆包线的长度（为了使流经线圈的电流大小保持不变）。

电流在外部磁场如何受力？⇒遵守“左手定则”。

增加线圈匝数会发生什么现象？⇒线圈会沿着与本实验相同的方向大幅度晃动。

增大电流会发生什么现象？⇒线圈会沿着与本实验相同的方向大幅度晃动。

调转永磁铁的 S 极和 N 极，会发生什么现象？⇒线圈会沿着与本实验相反的方向晃动。

通以相反方向的电流，会发生什么现象？⇒线圈会沿着与本实验相反的方向晃动。

物理 8 电磁感应

将磁力棒的 N 极靠近或远离连接检流计的线圈上端。

磁力棒靠近或远离线圈时，都会产生逆向的电流。

⚠ 移动磁铁时，注意观察检流计的指针偏转。

⚠ 从检流计指针偏转的方向可以判断出电流的流向（可以从偏转幅度判断电流大小）。

什么是电磁感应？⇒使穿过线圈内的外部磁场发生变化，从而产生感应电流的现象。

将线圈上端靠近磁铁的 N 极时会发生什么现象？⇒线圈上端成为 N 极。

将线圈上端远离磁铁的 N 极时会发生什么现象？⇒线圈上端成为 S 极。

当磁铁保持不动时会发生什么现象？⇒不产生感应电流。

加快移动磁铁会发生什么现象？⇒穿过线圈内的外部磁场的变化幅度增大，因此感应电流也会增大。

物理 9 在斜面上运动的物体

将物体轻轻放在光滑的斜面上。

物体以一定的加速度不断加速运动。

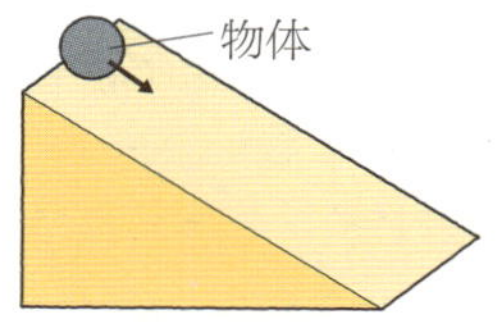

⚠光滑的斜面⇒不必考虑摩擦力的影响。

⚠用打点计时器记录物体的运动时，刚开始运动时的结果不必记录。

给物体施加一个力时会发生什么现象？⇒物体朝着受力方向做加速运动。

斜面上的物体为什么会加速？⇒因为物体所受的重力会让物体产生沿着斜面向下滑的分力。

增加斜面倾角后会发生什么现象？⇒物体所受重力沿着斜面向下的分力不断增大，加速度也会增大。

在光滑的斜面上物体受哪几个力？⇒重力和斜面的支持力。

物理 10 机械能守恒

如图所示，在光滑的轨道上，将物体轻轻地推离 A 点。

物体离开轨道（D 点）后的最高点，比 A 点的位置要低。

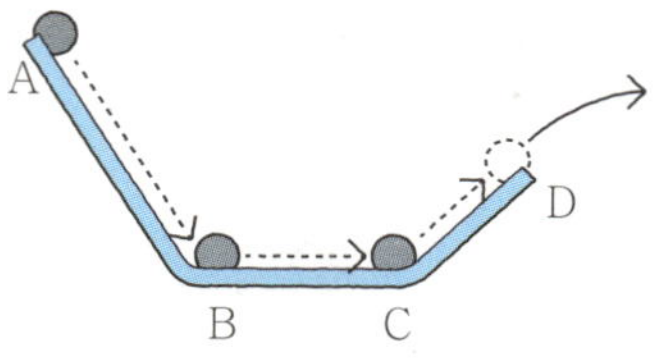

⚠轻轻地推离物体⇒物体离开 A 点时的瞬时速度为 0m/s。

⚠该实验不考虑轨道的摩擦力和空气阻力。

机械能守恒是什么意思？⇒势能与动能之和保持恒定。

物体在哪个点的速度最快？⇒物体到达最低点时的速度最快（B 点到 C 点间）。

物体离开轨道，到达最高点时会发生什么现象？⇒物体产生沿着 C、D 方向的速度。

为什么物体离开轨道后的最高点，比 A 点的位置更低？⇒物体到达最高点时，具有了一定的动能，势能相应地就会有所减少。因此会比出发点（A 点）的势能要小。

化学 1 密度的测量

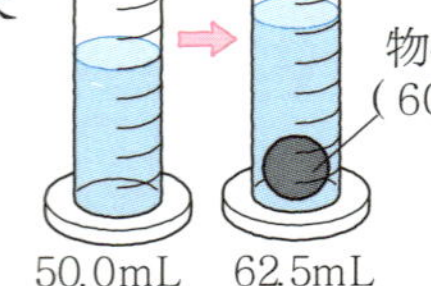

在量筒中倒入 50.0mL 的水，并将物体 A 沉入其中后，量筒示数变为 62.5mL（$1cm^3$=1mL）。然后用电子天平称得的物体 A 的质量为 60.0g。

↓

物体 A 的密度 =60.0g÷（62.5 cm^3−50.0 cm^3）=4.8g/cm^3。

⚠ 读取量筒示数时，视线要与液面最低点保持水平。

⚠ 量筒读数精确到小数点后 1 位。

⚠ 用电子天平称粉末状物质的质量时，要将物质放在包药品的纸上，并将电子天平归零后称重。

什么是物体的密度？⇒单位体积内物质的质量。密度（g/cm^3）= 质量（g）÷ 体积（cm^3）。

如何判断物体的特性？⇒计算物体的密度（每一种物体都有一定的密度）。

将密度大于 1g/cm^3 的物体放入水中会如何？⇒沉入水中。

将密度小于 1g/cm^3 的物体放入水中会如何？⇒浮于水面。

化学 2 气体的生成

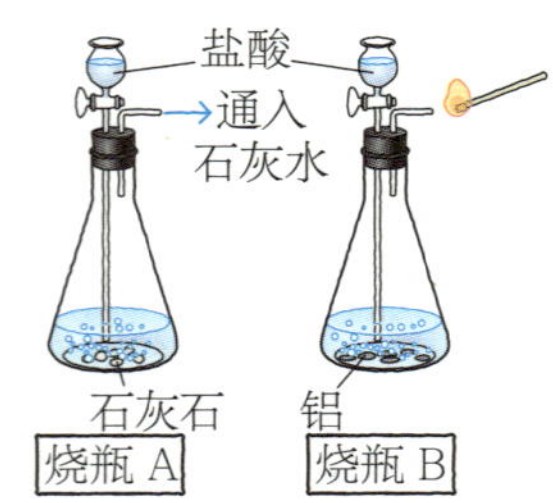

在烧瓶 A 中加入石灰石，与稀盐酸混合后，将生成的气体 1 通入石灰水中。在烧瓶 B 中加入铝，与稀盐酸混合后，将生成的气体 2 靠近点燃的火柴。

↓

气体 1 会使石灰水变浑浊，而气体 2 会燃烧并伴随响亮的声音。

⚠ 气体生成装置一般使用三角烧瓶。

烧瓶 A 中发生什么反应？⇒碳酸钙 + 氯化氢→二氧化碳 + 水 + 氯化钙。

烧瓶 B 中发生什么反应？⇒铝 + 氯化氢→氢气 + 氯化铝。

如何收集二氧化碳和氢气？⇒排水法（二氧化碳也可用向上排空气法）。

化学 3 物质的溶解方法与溶解度

将 50g 硝酸钾溶于 60℃的 200g 水中，制成水溶液，将水溶液的温度下调至 10℃。

从溶液中析出 10g 硝酸钾。

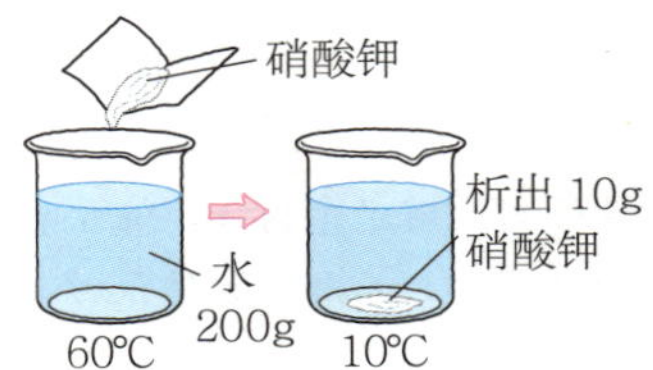

⚠ 溶液温度要缓慢下调。

⚠ 用过滤的方法提取溶液中的析出物。

什么是溶解度？⇒在一定温度下，某固态物质在 100g 溶剂中达到饱和状态时所能溶解的质量。

10℃的水中硝酸钾的溶解度为多少？⇒在 10℃的 200g 水中，硝酸钾的溶解量为 50g － 10g=40g，因此该温度下硝酸钾的溶解度为 $100g \times \frac{40g}{200g} = 20g$。

固体物质的溶解度如何变化？⇒一般来说，水温越高，溶解度越大。

气体的溶解度如何变化？⇒对于大多数固体物质，水温越低，溶解度越小。

化学 4 蒸馏

在带支管烧瓶中加入乙醇和水的混合物，再加入沸石后加热。将产生的蒸汽冷却后收集液体。

一开始收集的液体中含乙醇较多，而后来收集的液体中含水较多。

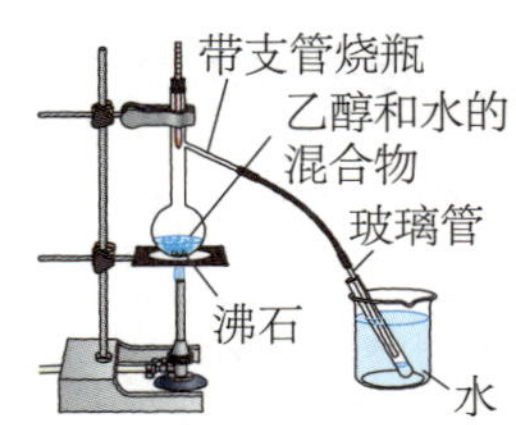

⚠ 加入沸石，是为了防止爆沸。

⚠ 温度计的球部应与带支管烧瓶的支管口部分高度持平。

什么是蒸馏？⇒使液体沸腾，然后将蒸汽冷却后再凝结。

什么是沸点和熔点？⇒液体变为气体（开始沸腾）的温度叫沸点；固体变为液体（开始熔化）的温度叫熔点。

为什么一开始收集的液体中含乙醇较多？⇒乙醇的沸点约为 78℃，而水的沸点约为 100℃。因此乙醇会先于水沸腾。

化学 5 碳酸氢钠的热分解反应

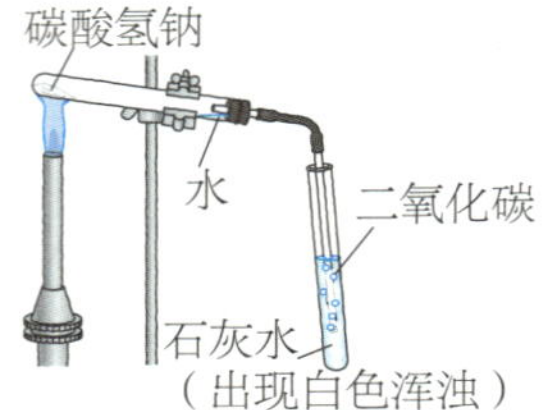

加热碳酸氢钠。

↓

试管内残留白色固体，并生成气体，石灰水出现白色浑浊，而加热了的试管前端有液体残留。

为了防止生成的液体逆流后导致试管炸裂，加热时要将试管口稍微向下倾斜。

⚠为了防止石灰水逆流，停止加热前应先从石灰水中拔出玻璃管。

试管中残留的白色固体是什么？⇒碳酸钠（易溶于水，呈强碱性）。

生成什么气体？⇒该气体能使石灰水出现白色浑浊，因此为二氧化碳。

生成的水滴是什么物质？⇒将水滴滴在氯化钴试纸上，试纸由蓝色变为红色（淡红色），因此该物质为水。

该实验发生怎样的化学反应？⇒碳酸氢钠（白色）→碳酸钠（白色）+ 水 + 二氧化碳。

化学 6 水的电解反应

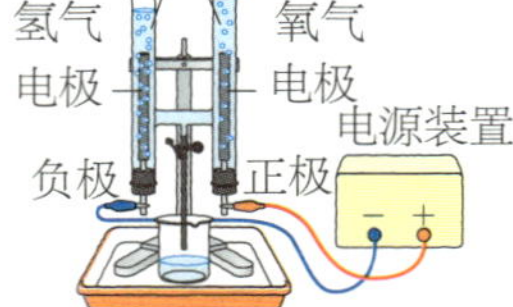

给溶解了少量氢氧化钠的水施加电压。

↓

将负极收集的气体靠近点燃的火柴时，气体会燃烧并有爆鸣声。将正极收集的气体靠近点燃的香中，气体会剧烈燃烧。负极与正极收集的两种气体的体积比为 2 ： 1。

为了使水更容易导电，应加入少量氢氧化钠（若加入盐酸会生成氯气，切勿使用）。

负极生成的气体是什么？⇒该气体剧烈燃烧，应为氢气。

正极生成的气体是什么？⇒该气体具有助燃性，应为氧气。

收集的两种气体的体积比为多少？⇒体积比为 2 ： 1（质量比为 1 ： 8）。

该实验发生什么样的化学反应？⇒水→氢气 + 氧气。

化学 7 氧化反应和还原反应

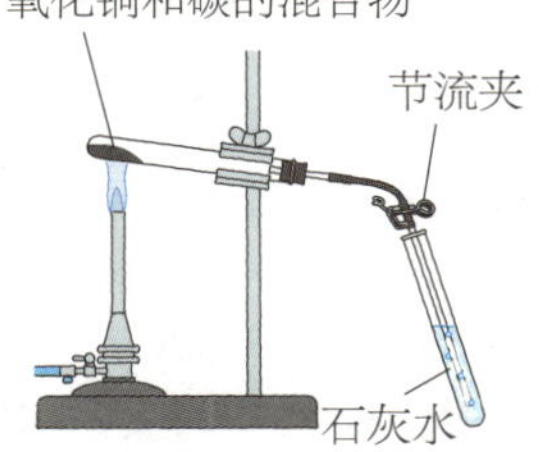

加热含有氧化铜和碳的混合物的试管。

↓

试管中残留红色物质，并生成气体。将该气体通入石灰水中，石灰水会出现白色浑浊。

⚠ 为防止石灰水逆流，在停止加热前要从石灰水中拔出玻璃管。

⚠ 为防止试管中残留的物质和氧气发生化合反应，停止加热后要用节流夹加紧橡胶管。

试管中残留的红色物质是什么？⇒用药匙摩擦其表面时有光泽，该物质为铜。

该实验生成的气体是什么？⇒该气体能使石灰水出现白色浑浊，因此为二氧化碳。

该化学反应是什么？⇒氧化铜 + 碳→铜 + 二氧化碳。

该反应中被氧化和被还原的物质分别是什么？⇒被氧化的物质：碳；被还原的物质：氧化铜。

化学 8 盐酸的电解反应

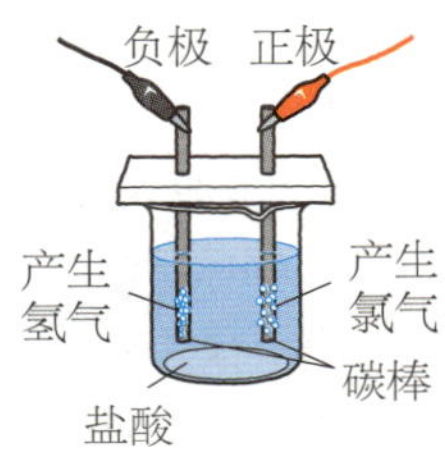

两根碳棒做电极放入盐酸后通电。

↓

正极收集的气体有气味，呈黄绿色。而将负极收集的气体靠近点燃的火柴时，该气体会燃烧并伴随爆鸣声。正极收集的气体比负极收集的气体要少。

⚠ 两个电极要用碳棒或铂等不易与其他物质发生反应的物质。电源的正极接电极正极，负极接电极负极。

正极生成的气体是什么？⇒该气体有气味（刺鼻）、呈黄绿色，应为氯气。

负极生成的气体是什么？⇒该气体剧烈燃烧，应为氢气。

生成的氯气和氢气的体积比为多少？⇒体积比为 1 ∶ 1。

该实验发生什么化学反应？⇒盐酸→氯气 + 氢气。

为什么正极收集的气体会比负极少？⇒因为氯气易溶于水。

化学 9 化学电池

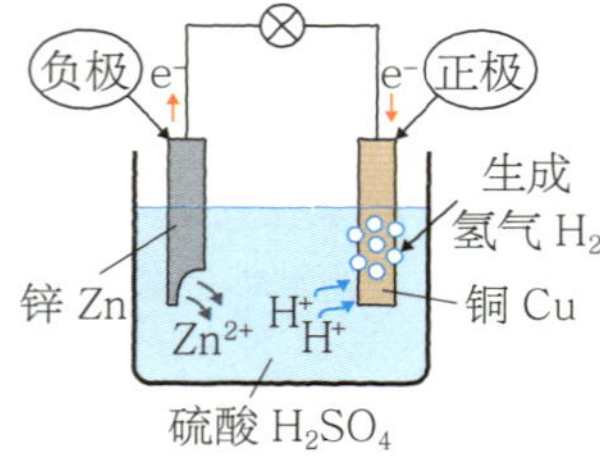

将锌棒和铜棒浸入稀硫酸溶液中，再用导线连接并接入灯泡。

灯泡亮了，锌棒溶于溶液中，铜的表面产生气体。将生成的气体靠近点燃的火柴，气体燃烧并有爆鸣声。

⚠制造化学电池时，应使用像锌和铜这样两种金属活动性不同的电极。

⚠化学电池所使用的溶液是电解质溶液。

锌棒一侧(负极)发生什么反应？⇒1 个锌原子释放 2 个电子，变成锌离子(Zn^{2+})。

铜棒（正极）表面发生什么反应？⇒2 个氢离子（H^+）分别接受 1 个电子，变成氢气（H_2）。

什么是化学电池？⇒将物质具有的化学能转化为电能的电池。

化学 10 酸和碱、中和反应

在 3 只烧杯中，分别倒入 10mL 某浓度的盐酸，然后再分别加入 5mL、10mL、15mL 氢氧化钠水溶液（3 只烧杯分别命名为 A、B、C）。之后在每个烧杯的溶液中加入 BTB 溶液。

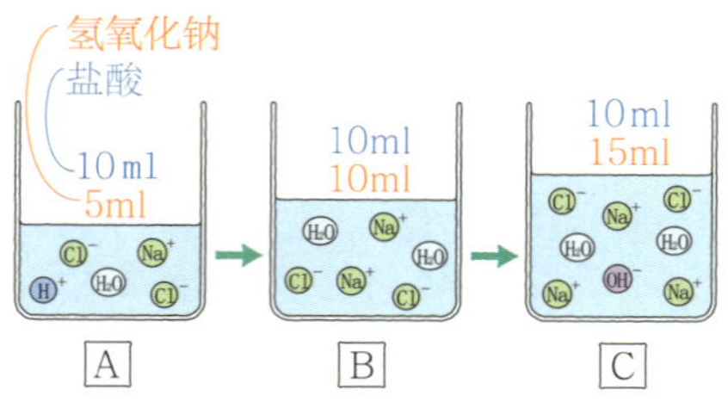

B 烧杯的溶液仍旧呈绿色。

⚠BTB 溶液要事先配制成绿色溶液。

烧杯 A 和烧杯 C 分别呈现什么颜色？⇒烧杯 A 呈黄色，烧杯 C 呈蓝色。

烧杯 A 溶液中有哪几种离子？⇒氯化物离子、钠离子、氢离子。

烧杯 B 溶液中有哪几种离子？⇒氯化物离子、钠离子。

烧杯 C 溶液中有哪几种离子？⇒氯化物离子、钠离子、氢氧根离子。

地理 1 岩石观察

用放大镜观察在某地采集的 5 种岩石。

↓

岩石 A ~ C 的颗粒较圆，而岩石 D（白色）和岩石 E（灰色）的颗粒有棱角。

A
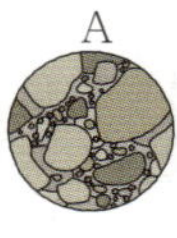
B
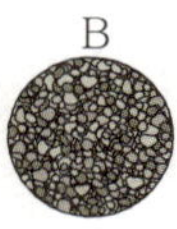
C
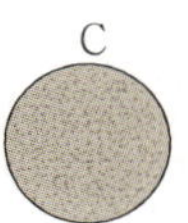
D

E

⚠ 观察岩石时，应使用放大镜或双目显微镜。

A ~ C 分别是哪种岩石？⇒ A 为砾岩，B 为砂岩，C 为泥质岩。

岩石 A ~ C 的颗粒为什么会比较圆？⇒这是构成这 3 种岩石的砾石、砂土、泥质曾长期受流水作用的结果。

D 和 E 分别是哪种岩石？⇒ D 为花岗岩，E 为安山岩。

D 和 E 两种岩石的构成有何不同？⇒ D 是由岩浆在距离地表较深的地方慢慢冷却形成的。E 是岩浆在地表附近迅速冷却形成的。

地理 2 地震

日本某地发生地震。计算一下观测点 A ~ C 的震源距离，以及 P 波和 S 波的抵达时刻。

↓

结果如右表。

	震源距离	P 波的抵达时刻	S 波的抵达时刻
A	120km	12:02:15	12:02:30
B	240km	12:02:30	12:03:00
C	360km	X	Y

 距离震源最近的地震仪探测到 P 波后，日本气象厅会收到信号，然后将“地震预警”发送给居民。

P 波的传播速度为多少？⇒（240km−120km）÷15s=8km/s。

S 波的传播速度为多少？⇒（240km−120km）÷30s=4km/s。

地点 C 的 X 和 Y 是多少？⇒ X 是 12:02:45，Y 是 12:03:30。

地理 3 地层观察

在某地区的 P 和 Q 两地点观察地下的地层结构后，两地点的地层结构如图所示。

↓

P 地点的砂土层中发现蛤蜊的化石，而在 Q 地点的地层中发现火山灰层。

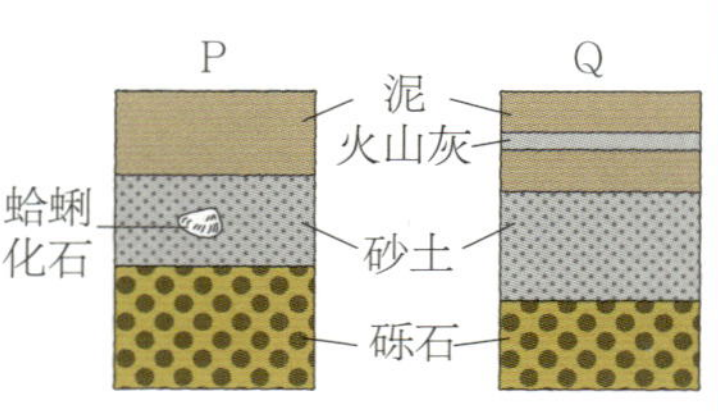

⚠在露出地表的岩层处观察地层结构时，一定要小心落石。

发现蛤蜊化石说明了什么？⇒该层是在浅海处沙石不断堆积而形成的。

发现火山灰层说明了什么？⇒该地区曾经发生过火山活动。

该地区地层形成时海平面是如何变化的？⇒海平面不断上升，因为越靠上的地层颗粒越小。

地理 4 相对湿度的测量

在气温 20℃时将水倒入金属容器，然后边加少量冰边搅拌，并用温度计读取水温。

↓

水温 5℃时，容器表面开始产生雾。此外，20℃的空气饱和水蒸气含量为 17.3g/m^3，而 5℃的空气饱和水蒸气含量 6.8g/m^3。

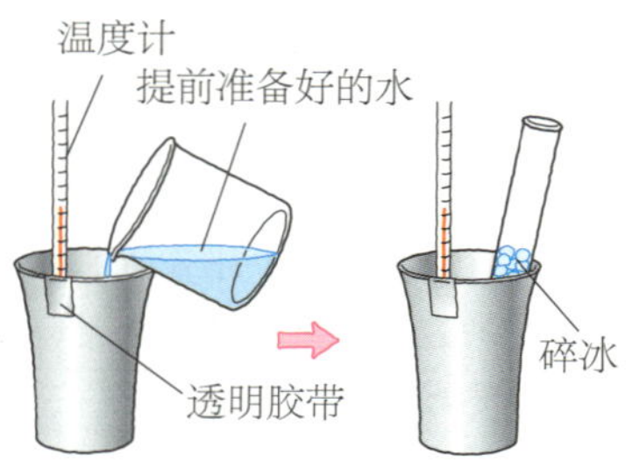

在容器上贴透明胶带，更易于观察到容器中水滴的形成。

什么是饱和水蒸气含量？⇒每立方米空气在一定温度下所能容纳的水蒸气的最大质量，单位通常为 g/m^3。

饱和水蒸气含量与气温的关系是什么？⇒气温越高，饱和水蒸气含量越大。

相对湿度的计算公式是什么？

$$\Rightarrow 湿度(\%)=\frac{空气中实际水蒸气的密度(g/m^3)}{该温度下饱和水蒸气的密度(g/m^3)}\times 100\%$$

该实验中空气湿度为多少？⇒ 6.8/17.3×100 ≈ 39.3%。

地理 5 风的形成实验

将装入沙子和装入水的两个水槽并列放置，中央放置点燃的香。灯泡的光要充分地照射到沙子和水，然后观察烟的运动。

↓

烟在沙子上方上升，在水面上方下降。

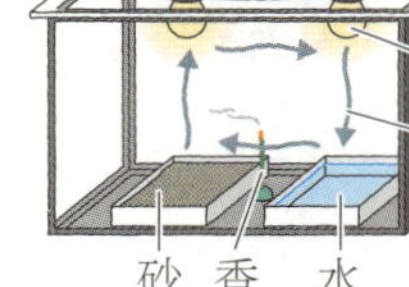

⚠一定要注意容器周围水平方向上的烟的运动。这时烟的运动方向也代表着风向。

沙子和水两者哪个更容易升温？⇒沙子是固体，更容易升温。

烟的水平方向的运动是怎么的？⇒在容器周围由水流向沙子。

白天风从哪边吹来？⇒陆地是固体，更容易升温，因此风会从海洋吹向陆地（海风）。

夜间风从哪边吹来？⇒陆地是固体，更容易降温，因此风会从陆地吹向海洋（陆风）。

地理 6 观测星星运动

某日在某地，于晚 11 点观察北方天空的星星时，星星 X 位于右图中 B 的位置。3 个月后的晚 9 点，在同一地点观测该星星的位置。

↓

在右图的 L 的位置观测到该星星。

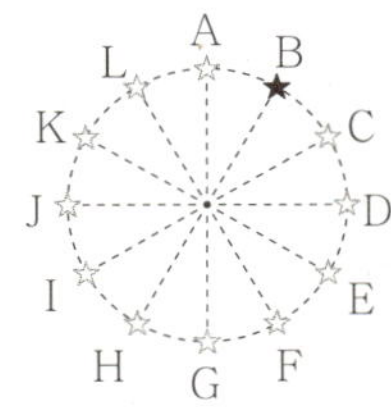

⚠北方天空的星星以北极星为中心，沿逆时针方向（从东往西）做周日视运动和周年视运动。

什么是星星的周日视运动？⇒星星 1 小时从东往西运动 15°（地球自转所致）。

什么是星星的周年视运动？⇒星星 1 个月在同一时刻从东往西运动 30°（地球公转所致）。

观测结果的公式是什么？⇒周日视运动：15°×2=30°（顺时针旋转）；周年视运动：30°×3=90°（逆时针旋转）。因此，从图中 B 处开始逆时针旋转 60°（90°−30°=60°），因此，星星大致位于 L 处。

地理 7 观测金星

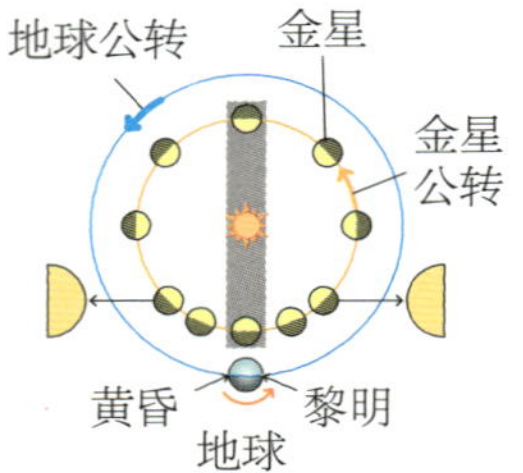

某日黄昏时分，在西边天空可以观测到金星；而在之后某天的黎明时分，在东边天空可以观测到金星。

↓

黄昏时分在西边天空观测到的金星左侧出现缺失，黎明时分在东边天空观测到的金星则是右侧出现缺失。

金星是在地球内侧的轨道上围绕太阳公转的内行星（在最内侧的轨道公转的行星是水星），因此在深夜观测不到。

黄昏时分在西边天空观测到的金星叫什么？⇒长庚星。

黎明时分在东边天空观测到的金星叫什么？⇒启明星。

水星、金星、地球和火星属于什么行星？⇒类地行星（密度较大）。

木星、土星、天王星和海王星属于什么行星？⇒类木行星（密度较小）。

地理 8 观测月亮

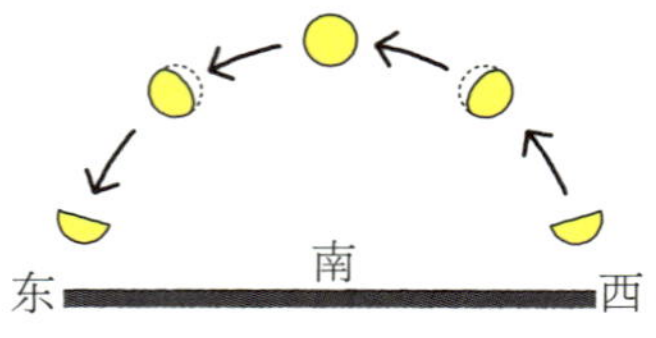

在某地，连续数日 0 点观测月亮。

↓

观测首日，西边天空可见上弦月，随着时间的推移，月亮按照西边天空→南边天空→东边天空的顺序移动。月亮会逐渐变圆，直到出现在南边天空时变为满月。之后，月亮的西侧（右半边）开始出现残缺。

月亮是绕着地球公转的卫星，从地球上只能观测到月亮被太阳光照射的部分。

月亮的公转周期和自转周期分别是多少？⇒两者均约为 27.3 天，而且均朝相同的方向运动。

月亮的圆缺周期为多久？⇒约 29.5 天。

生物 1 显微镜的使用方法

用显微镜观察水中的浮游生物时，如果浮游生物在视野的右上方，应将其移到视野中央进行观察。

将整个标本稍微往右上角移动一下，需要观察的部分就会移动到视野中央。

需要观察的部分

标本

目镜 镜筒 镜臂 压片夹 调节旋钮 转换器 物镜 载物台 遮光器 标本 反光镜

⚠ 将盖玻片上置于载玻片时，注意不要进气泡。

⚠ 显微镜应放置在不被太阳光直射的明亮的地方。

如何使用显微镜？⇒上下左右颠倒过来看。

显微镜的安装顺序是怎样的？⇒物镜→目镜。

显微镜的放大倍数如何计算？⇒目镜的放大倍数 × 物镜的放大倍数。

提高显微镜的放大倍数后视野和亮度会有什么变化？⇒视野会变窄，亮度会变暗。

生物 2 花的结构

观察油菜花和牵牛花两种花的结构。

油菜花和牵牛花都有雌蕊、雄蕊、花瓣和花萼这四部分。油菜花的 4 片花瓣在基部是完全分开的，而牵牛花的 5 片花瓣基部合在一起。

牵牛花　油菜花

⚠ 由花的外侧开始小心地把花的各个部分剥离（按花萼、花瓣、雄蕊、雌蕊的顺序）。

⚠ 比较细小的部分用放大镜观察（不要移动放大镜）。

油菜花是离瓣花还是合瓣花？⇒花瓣在基部是完全分开，因此是离瓣花。

牵牛花是离瓣花还是合瓣花？⇒花瓣的基部合在一起，因此是合瓣花。

为什么油菜花和牵牛花有雌蕊？⇒雌蕊用于产生种子。

为什么油菜花和牵牛花有雄蕊？⇒雄蕊用于产生授粉所需的花粉。

生物 3 植物的茎的结构

将凤仙花放入红色水中一段时间，然后用显微镜观察凤仙花茎的横切面。

需要观察的是图中所示被染成红色的部分。

凤仙花

茎的横切面图

染红的水

⚠将凤仙花放入着色的水中 30 分钟至 1 小时。

⚠用显微镜观察茎时，应用小刀将其切得像纸一样薄。

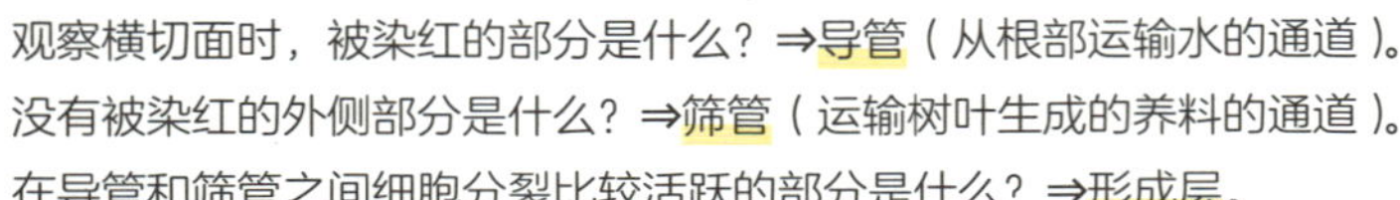

观察横切面时，被染红的部分是什么？⇒导管（从根部运输水的通道）。

没有被染红的外侧部分是什么？⇒筛管（运输树叶生成的养料的通道）。

在导管和筛管之间细胞分裂比较活跃的部分是什么？⇒形成层。

导管和筛管合起来叫什么？⇒维管束。

双子叶植物的维管束结构是什么样的？⇒形成层位于维管束之间，维管束内侧分布导管，外侧分布筛管。

生物 4 蒸腾作用

如右表所示，事先对相同种类、相同大小的某植物按照 A ~ C 的要求进行处理，然后分别放入加了水的试管中，放置1小时，然后计算水减少的量。

试管	处理方法	水减少量
A	不做任何处理	12mL
B	叶片正面涂凡士林	9mL
C	叶片背面涂凡士林	4mL

叶片背面涂抹了凡士林的植物，水的减少量最少。

⚠涂抹凡士林是为了堵住叶片的气孔。

⚠为防止水分从水面蒸发，应将油浮于试管水面。

植物从气孔释放水蒸气的功能叫什么？⇒蒸腾作用（蒸腾）。

什么时候植物的蒸腾作用比较活跃？⇒气温高、湿度低、通风好时比较活跃。

植物哪一部分气孔比较多？⇒由蒸腾量的实验结果可知，叶片背面气孔最多（仅指该实验中的植物）。

叶片背面的蒸腾量的公式是什么？⇒ 12mL−4mL=8mL（每小时）。

生物 5 光合作用实验

将长斑的牵牛花叶片的一部分用铝箔遮盖起来，并让叶片接受充分的光照，然后将碘液涂在叶片上，观察叶片哪一部分生成了淀粉。

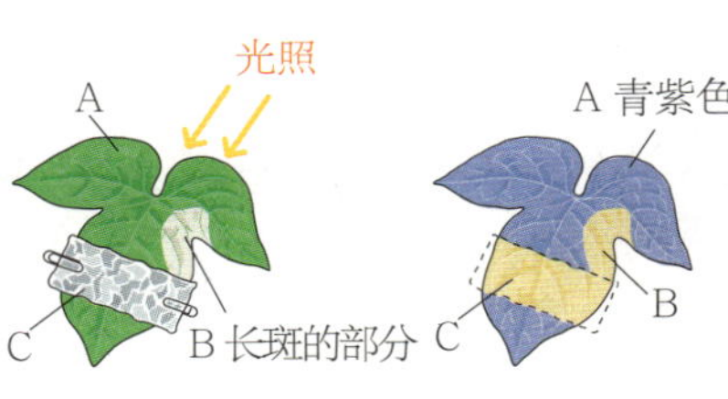

叶片上绿色且接受光照的部分变为蓝色或蓝紫色。

⚠在接受光照前，先要将叶片在暗室中放一会儿（为了消耗掉叶片上的淀粉）。

⚠叶片要事先浸入烫过的酒精中使其褪色（因为直接加热酒精可能会引起燃烧，发生爆炸）。

从图中 A 和 B 的实验结果，我们可以得出什么结论？⇒植物通过叶绿体进行光合作用。

从图中 A 和 C 的实验结果，我们可以得出什么结论？⇒光合作用必须有光照的参与。

光合作用的反应式是什么？⇒二氧化碳 + 水 $\xrightarrow[\text{叶绿体}]{\text{光}}$ 氧气 + 有机物（淀粉）。

生物 6 唾液实验

准备 6 个分别加入 10mL 淀粉溶液的试管（编号分别为 A ~ F），然后按照右表要求分别进行处理。

加入碘液变为青紫色的是 C 和 E，而加入班氏试剂（本尼迪克特试剂）变为红褐色的只有 B。

A	加入唾液保持 36℃→加入碘液
B	加入唾液保持 36℃→加入班氏试剂
C	加入水保持 36℃→加入碘液
D	加入水保持 36℃→加入班氏试剂
E	加入唾液保持 98℃→加入碘液
F	加入唾液保持 98℃→加入班氏试剂

⚠碘液原本是黄褐色，与淀粉反应后变为青紫色。

⚠班氏试剂原本是蓝色，与含糖的液体一起加热后发生反应变为红褐色。

从 A 和 C 的实验结果，我们可以得出什么结论？⇒唾液能将淀粉转化为其他物质。

从 A 和 E 的实验结果，我们可以得出什么结论？⇒唾液遇高温会失去活性。

从 B 和 D 的实验结果，我们可以得出什么结论？⇒唾液能将淀粉转化为糖。

生物 7 呼气和吸气实验

小 A 计算了吸气和呼气时氧气和二氧化碳的比例。小 A 每次呼吸时产生的气体量为 500mL。

↓

那么，小 A 呼吸 1 次吸入体内的氧气量为 500mL ×（21−16）/100=25mL。

	氧气	二氧化碳
吸气	21%	0.03%
呼气	16%	4%

计算氧气和二氧化碳的比例时，应使用气体检测管。

⚠计算氧气时使用的气体检测管温度容易升高，应当引起重视。

为什么吸气和呼气时氧气占比不同？⇒因为呼吸时有一部分氧气会被吸入人体内。

小 A 每次呼吸时吸入体内的氧气量为多少？⇒ 500mL ×（21−16）/100=25mL。

呼吸时会发生怎样的物质转化？⇒葡萄糖 + 氧气→二氧化碳 + 水。

呼出气体比吸入气体含量增多的是哪种气体？⇒二氧化碳和水蒸气。

生物 8 刺激和反应实验

如图所示，10 个人手拉着手围成圈。第 1 个人用右手按下秒表的同时，握住自己旁边的人的右手。被握住手的人再握住下一个人的右手，以此类推。然后第 1 个人改成左手握秒表，当自己的右手被握住时按停秒表，并计算所用时长。

↓

所需时长为 2.6 秒。

为了提高检测值的准确性，应进行几次同样的检测，然后取平均值。

这个实验检测的是身体的哪个部位？⇒皮肤。

每个人从受到刺激到做出反应需要多少时间？⇒ 2.6 秒 ÷10=0.26 秒。

该实验中从刺激到反应要经过怎样的路径？⇒皮肤→脊髓→大脑→脊髓→肌肉。

脊髓和大脑合称为什么？⇒中枢神经系统。

生物 9 细胞分裂的观察实验

观察洋葱根尖细胞时，先将根尖用乙醇处理，然后用加热的盐酸进行解离。接着将其置于载玻片上，用带柄细针将其捣碎。滴上染色液后将其置于盖玻片上，然后将滤纸置于其上，并从上挤压，用显微镜进行观察。

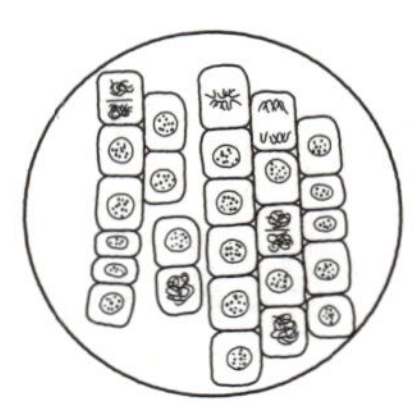

细胞分裂过程如右图所示。

⚠ 实验所用的染色液为醋酸洋红染色液或龙胆紫染色液。

为什么要将洋葱根部蘸上加热后的盐酸？⇒为了更容易分离细胞。

为什么要将滤纸置于标本上，并从上挤压？⇒为了防止细胞重叠在一起。

被染色液染红或染紫的部分是什么？⇒细胞核。

生物 10 遗传学定律

将纯种圆形种子的豌豆和纯种皱形种子的豌豆杂交，将产生的新个体通过自花授粉继续杂交，然后观察产生的种子。

皱形种子约有 2000 颗。

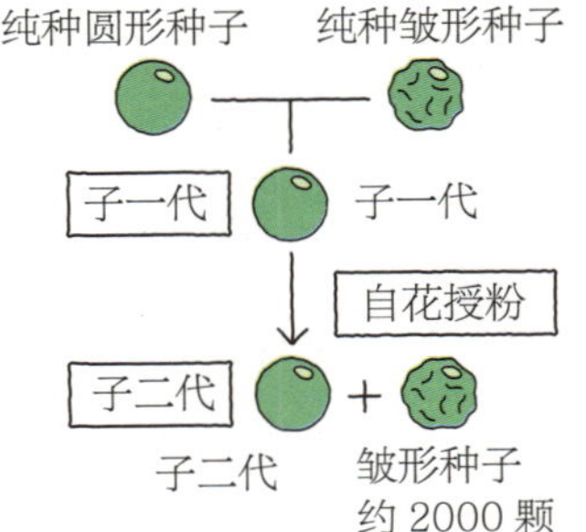

⚠ 自花授粉是指花粉落在同一朵花的柱头上的授粉方式。

什么是减数分裂？⇒在产生生殖细胞时体细胞的染色体条数减半的分裂方式。

什么是显性原则？⇒两个相对性状的遗传基因中只表现出显性基因的性状。豌豆的显性基因为“圆形 A”，隐性基因为“皱形 a”。

圆形种子的数量为多少？⇒将 Aa 种子相互杂交时，AA（圆形）：Aa（圆形）：aa（皱形）=1 ：2 ：1，因此子二代圆形种子的数量约为 2000 × 3=6000 颗。

快读·慢活®

从出生到少女，到女人，再到成为妈妈，养育下一代，女性在每一个重要时期都需要知识、勇气与独立思考的能力。

“快读·慢活®”致力于陪伴女性终身成长，帮助新一代中国女性成长为更好的自己。从生活到职场，从美容护肤、运动健康到育儿、家庭教育、婚姻等各个维度，为中国女性提供全方位的知识支持，让生活更有趣，让育儿更轻松，让家庭生活更美好。